八闓文庫

要籍選刊

44

洗冤集録

[宋]宋慈 撰

陳玉鵬 傅建忠 張梅凌 陳馨月 點校

新儀象法要

[宋]蘇頌 撰

陳殿 點校

海峽出版發行集團 THE STRAITS PUBLISHING & DISTRIBUTING GROUP
福建科學技術出版社

二〇一九年八閩文庫出版工程領導小組

組　長
梁建勇

副組長
楊賢金

成　員
施宇輝　馮潮華　賴碧濤　陳熙滿
王建南　黄　誌　卓兆水　葉飛文
陳　强　林守欽　王秀麗　蔣達德

二〇二〇年八閩文庫出版工程領導小組

組　長
邢善萍

副組長
郭寧寧

成　員
施宇輝　馮潮華　賴碧濤　陳熙滿
肖貴新　王建南　黄　誌　卓兆水
葉飛文　陳　强　林守欽　王秀麗
林義良

二〇二二年八閩文庫出版工程領導小組

組　長　張　彥

副組長　鄭建閩

成　員

林端宇　鄭家紅　顏志煌　黃國劍
許守堯　肖貴新　林　生　黃　誌
卓兆水　吴宏武　陳　强　張立峰
鄭東育　林義良　林　彬

二〇二三年八閩文庫出版工程領導小組

組　長　張　彥

副組長　王金福

成　員

林端宇　鄭家紅　顏志煌　黃國劍
許守堯　肖貴新　黃　誌　陳熙滿
吴宏武　林　生　李　潔　張立峰
鄭東育　黃葦洲　林　彬

八閩文庫編纂委員會

八閩文庫總序

葛兆光　張　帆

一

在傳統中國的文化史上，福建算是後來居上的區域。經歷了東晉、中唐、南宋幾次大移民潮，浙、閩之間的仙霞嶺，早已不是分隔内外的屏障，而成了溝通南北的通道。歷史使得福建越來越融入華夏文明之中，唐宋兩代，特别是在「背海立國」的宋代，東南的經濟發達，海洋的地位凸顯，福建逐漸從被文明中心影響的邊緣地帶，成爲反向影響全國文明的重要區域。在七世紀的初唐，詩人駱賓王曾説「龍章徒表越，閩俗本殊華」（駱臨海集箋注卷二晚憩田家，陳熙晉箋注，上海古籍出版社一九八五年，第三六頁），前一句説的是華夏的衣冠對斷髮文身的越人没有用，後一句説的是閩地的風俗本來就與華夏不同，意思都是瞧不起東南。但是，到了十五世紀的明代中期，黃仲昭在弘治八閩通志序裏卻説，八閩雖爲東南僻壤，但自唐以來文化漸盛，「至宋，大儒君子接踵而出」，實際上它的文明程度，已經「可以不愧於鄒魯」（四庫全書存目叢書史部一七七册，齊魯書社一九九六年，第三六四頁）。

的確，自從福建在唐代出了第一個進士薛令之，而且晉江有歐陽詹，福清有王棨，莆田有徐夤、黃滔這些傑出人物之後，到了更加倚重南方的宋代，福建出現了蔡襄（一〇一二—一〇六七）、陳襄（一〇一七—一〇八〇）、游酢（一〇五三—一一二三）、楊時（一〇五三—一一三五）、鄭樵（一一〇四—一一六二）、林光朝（一一一四—一一七八）、朱熹（一一三〇—一二〇〇）、蔡元定（一一三五—一一九八）、陳淳（一一五九—一二二三）、真德秀（一一七八—一二三五）等一大批著名文人士大夫。這些出身福建或流寓福建的士人學者，大大繁榮和提升了這裏的文化，甚至使得整個中國的文化重心逐漸南移，也許，就像程頤説的那樣「吾道南矣」（宋史卷四二八道學楊時傳，中華書局一九七七年，第一二七三八頁）。也就是説宋代之後，原本偏在東南的福建，逐漸成了中國重要的文化區域。

不過，習慣於中原中心的學者，當時也許還有偏見。以來自中心的偏見視東南一隅的福建，那時福建似乎還是「邊緣」。雖然人們早已承認福建「歷宋逮今，風氣日開」

（黄虞稷閩小紀序，撰於康熙五年，續修四庫全書史部七三四册，上海古籍出版社二〇〇二年，第一二七頁），但有的中原士人還覺得福建「僻在邊地」。像北宋樂史的太平寰宇記，一面承認「此州（福州）之才子登科者甚衆」，一面仍沿襲秦漢舊説，稱閩地之人「皆蛇種」，並引十道志説福建「嗜欲、衣服，别是一方」（樂史太平寰宇記卷一〇〇江南東道一二，中華書局二〇〇七年，第一九九一頁）。所以，歷史上某些關於福建歷史、文化和風俗的著作，似乎還在以中原或者江南的眼光，特别留心福建地區與核心區域不同的特異之處，筆下一面凸顯異域風情，一面鄙夷南蠻鴃舌。但是從大的方面説，我們看到宋代以降，實際上福建與中原的精英文化越來越趨向同一，正如宋人祝穆方輿勝覽所説，「海濱幾及洙泗，百里三狀元」，前一句裏所謂「洙泗」即孔子故鄉，這是説福建沿海文風鼎盛，幾乎趕得上孔子故里；後一句裏「三狀元」是指南宋乾道年間福建登第的三個狀元，即乾道二年（一一六六）的蕭國梁、乾道五年的鄭僑和乾道八年的黄定，他們都是福建永福（今永泰）這個地方的人（祝穆新編方輿勝覽卷一〇，施和金點校，中華書局二〇〇三年，第一六三頁）。

文化漸漸發達，書籍或者文獻也就越來越多，福建文獻的撰寫者中不僅有本地人，也有流寓或任職於閩中的外地人。日積月累，這些文獻記録了這個多山臨海區域千年的文化變遷史，而八閩文庫的編纂，正是把這些文獻精選並彙集起來，爲現代人留下唐宋以來有關福建的歷史記憶。

二

福建鄉邦文獻數量龐大，用一個常見的成語説，就是「汗牛充棟」。那麼多的文獻，任何歸類或叙述都不免挂一漏萬。不過，我們這裏試圖從區域文化史的角度，談一談福建文獻或書籍史的某些特徵。

毫無疑問，中國各個區域都有文獻與書籍，秦漢之後也都大體上呈現出華夏同一思想文化的底色，但各區域畢竟有其地方特色。如果我們回溯思想文化的歷史，那麼，唐宋之後福建似乎也有一些特點。恰恰因爲是後來居上的文化區域，所以福建積累的傳統包袱不重，常常會出現一些越出常軌的新思想、新精神和新知識。這使得不少代表新思想、新精神和新知識的人物與文獻，往往先誕生在福建。衆所周知的方面之一，就是宋代儒家思想的變遷。應當説，宋代的理學或者道學，最初乃是一種批判性的新思潮，一些儒家士大夫試圖以屬於文化的「道理」鉗制屬於政治的「權力」，所以，極力强調

「天理」的絶對崇高，人們往往稱之爲道學或理學，也根據學者的出身地叫作「濂洛關閩之學」。其中，「閩」雖然排在最後，卻應當説是宋代新儒學的高峰所在，以至於後人乾脆省去濂溪和關中，直接以「洛閩」稱之（如清代張夏雒閩源流録），以凸顯道學正宗，恰在洛陽的二程與福建的朱熹，而道學最終水到渠成，也正是在福建。因爲宋代道學集大成的代表人物朱熹，雖然祖籍婺源，卻出生在福建，而且相當長時間在福建生活。他的學術前輩或精神源頭，號稱「南劍三先生」的楊時、羅從彦（一〇七二—一一三五）、李侗（一〇九三—一一六三），也都是南劍州即今福建南平一帶人，他的提攜者之一陳俊卿（一一一三—一一八六），則是興化軍即今莆田人，而他的最重要的弟子黄榦（一一五二—一二二一）是閩縣（今福州）人、陳淳是龍溪（今龍海）人。

正是在這批大學者推動下，福建逐漸成爲圖書文獻之邦。慶元元年（一一九五），朱熹在福州州學經史閣記中曾經説，一個叫常濬孫的儒家學者，在福州地方軍政長官詹體仁、趙像之、許知新等資助下，修建了福州府學用來藏書的經史閣，即「開之以古人斅學之意，而後爲之儲書，以博其問辨之趣」（朱文公文集卷八〇，朱子全書第二一四册，上海古籍出版社、安徽教育出版社二〇一〇年，第三八一四頁）。宋代之後，經由近千年的日積月累，我們看到福建歷史上出現了相當多的儒家論著，也陸續出現了有關儒家思想的普及讀物。大家可以從八閩文庫中看到，這裏收録的不僅有朱熹、真德秀、陳淳的著述，也有明清學者詮釋理學思想之作，像明人李廷機性理要選、清人雷鋐雷翠庭先生自恥録等等，應當説，這些論著構成了一個歷經宋元明清近千年的福建儒家文化史。

三

説到福建地區率先出現的新思想、新精神和新知識，當然不應僅限於儒家或理學一系。更應當記住的是，從宋代以來，中國政治、經濟和文化的重心，逐漸從西北轉向東南，一方面由於中原文化南下，被本地文化激蕩出此地異端的思想，另一方面海洋文明東來，同樣刺激出東南濱海的一些更新的知識。

我們注意到，在福建文獻或書籍史上，呈現了不少過去未曾有的新思想、新精神和新知識。比如唐宋之間，福建不僅出現過譚峭（生卒年不詳）化書這樣的道教著作，也出現過像百丈懷海（約七二〇—八一四）、潙山靈佑（七七一—八五三）、雪峰義存（八二二—九〇八）那樣充滿批判性的禪僧，還出現過禪宗史上撰於泉州的最重要禪史著作祖堂集。又如明代中後期，那個驚世駭俗而特立獨行的李贄（一五二七—一六〇二），有人説他的獨特思想，就是因爲他生在各種宗教交匯融合的泉州，傳説他曾受到伊斯蘭教之影響，當然更因爲有佛教與心學的刺激，使他成了晚明傳統思想世界的反叛者。而另一個莆田人林兆恩（一五一七—一五九八），則是乾脆開創了三一教，提倡「三教合一」，也同樣成爲正統的政治意識形態的挑戰者。再如明清時期，歐洲天主教傳教士「梯航九萬里」，也把天主教傳入福建，特别是明末著名傳教士艾儒略（一五八二—一六四九）應葉向高（一五五九—一六二七）之邀來閩傳教二十五年，從而福建才會有「三山論學」這樣的思想史事件，也産生了三山論學記這樣的文獻，無論是葉向高，還是謝肇淛，這些思想開明的福建士大夫，多多少少都受到外來思想的刺激。最後需要特别提及的是，由於宋元以來，福建成爲向東海與南海交通的起點，所以，各種有關海外的新知識，似乎都與福建相關，宋代趙汝适撰寫諸蕃志的機緣，是他在泉州市舶司任職；元代汪大淵撰寫島夷志略的原因，也是他從泉州兩度出海。由於此後福州成爲面向琉球的接待之地，泉州成爲南下西洋的航線起點，因而福建更出現了像張燮東西洋考、吴朴渡海方程、葉向高四夷考、王大海海島逸志等有關海外新知的文獻，這一有關海外新知的知識史，一直延續到著名的林則徐四洲志。老話説「草蛇灰線，伏脈千里」，歷史總有其連續處，由於近世福建成爲中國的海外貿易和海上交通的中心，所以，這裏會成爲有關海外新知識最重要的生産地，這才能讓我們深切理解，何以到了晚清，福建會率先出現沈葆楨開辦面向現代的船政學堂，出現嚴復通過翻譯引入的西方新思潮。

甚至還可以一提的是，近年來福建霞浦發現了轟動一時的摩尼教文書，這些深藏在道教科儀抄本中的摩尼教資料，説明唐宋元明清以來，福建思想、文化和宗教在構成與傳播方面的複雜性和多元性。所以，在八閩文庫中，不僅收録了譚峭化書，李贄焚書續焚書、藏書續藏書，林兆恩林子會編等富有挑戰性的文獻，也收録了張燮東西洋考、趙新續琉球國志略等關係海外知識的著作，讓我們看到唐宋以來，福建歷史上新思想、新精神和新知識的潮起潮落。

四

在八閩文庫收録的大量文獻中，除了福建的思想文化與宗教之外，也留存了有關福建政治、文學和藝術的歷史。如果我們看明人鄧原岳編閩中正聲、清人鄭杰編全閩詩録收録的福建歷代詩歌，看清人馮登府編閩中金石志、葉大莊編閩中石刻記、陳棨仁編閩中金石略中收録的福建各地石刻，看清人黄錫蕃編閩中書畫録中收録的唐宋以來福建書畫，那麼，我們完全可以同意歷史上福建的後來居上。這正如陳衍（一八五六—一九三七）在閩詩録的序文中所説「余維文教之開，吾閩最晚，至唐始有詩人，至唐末五代中土詩人時有流寓入閩者，詩教乃漸昌，至宋而日益盛」（續修四庫全書集部一六八七册，第四一一頁）。可見，宋史地理志五所説福建人「多向學，喜講誦，好爲文辭，登科第者尤多」，「今雖閭閻賤品處力役之際，吟詠不輟」（杜佑通典州郡十二），真是一點兒不假。

清代學者朱彝尊（一六二九—一七〇九）曾説「閩中多藏書家」（曝書亭集卷四四淳熙三山志跋，四部叢刊初編集部二七九册，上海書店一九八九年，第六〇一頁）。千年以來的人文日盛，使得現存的福建傳統鄉邦文獻，經史子集四部之書都很豐富，翻檢八閩文庫，就可以感覺到這一點，這裏不必一一叙説。需要特別指出的是，福建歷史上不僅有衆多的文獻留存，也是各種書籍刊刻與發售的中心之一。福建多山，林木葱蘢，具備造紙與刻書的有利條件，從宋元時代起，福建就成爲中國書籍出版的中心之一。宋元時代福建的所謂「建本」或「麻沙本」曾經「幾遍天下」（葉夢得石林燕語卷八，侯忠義點校，中華書局一九八四年，第一一六頁），更有所謂「麻沙、崇安兩坊産書，號稱『圖書之府』」的説法（新編方輿勝覽卷一一，第一八一頁）。版本學家也許將它與蜀本、浙本對比，覺得它並不精緻，但是，從書籍流通與文化貿易的角度看，正是這些廉價圖書，使得很多文化知識迅速傳向中國四方，也深入了社會下層。淳熙六年（一一七九），朱熹在建寧府建陽縣學藏書記中曾説到，「建陽版本書籍行四方，無遠不至」，可當時嘉禾縣學居然藏書很少，「學於縣之學者，乃以無書可讀爲恨」，於是一個叫姚耆寅的知縣，就「鬻書於市，上自六經，下及訓傳、史記、子、集，凡若干卷以充入之」。當地刊刻的書籍，豐富了當地學者的知識，也增加了當地文獻的積累，甚至扭轉了當地僅僅重視「世儒所誦科舉之業」的風氣（朱文公文集卷七八，朱子全書第二四册，第三七四五頁），這就是一例。到了清代，汀州府成爲又一個書籍刊刻基地，近年特别受到中外學者注意的四堡，就是一個圖書出版和發行中心，文獻記載這裏「以書版爲産業，刷就發販，幾半天下」（咸豐長汀縣志卷三一物産）。所以，美國學者包筠雅（Cynthia J. Brokaw）文化貿易：清代至民國時期四堡的書籍交易（劉永華、饒佳榮等譯，北京大學出版社二〇一五年）就深入研究了這個位於汀州府長汀、清流、寧化、連城四縣交界地區的客家聚集區的書籍事業，繼承宋元時代建陽地區（如麻沙）刻書業，這裏再一次出現中國書籍出版史上佔據重要位置的福建書商群體。

可以順便提及的是，福建刻書業也傳至海外。福建莆田人俞良甫，元末到日本，由九州的博多上岸，寓居在京都附近的嵯峨，由他刻印的書籍被稱爲「博多版」。據説，俞氏一面協助京都五山之天龍寺雕印典籍，一面自己刻印各種圖書，由於所刊雕書籍在日本多爲精品，所以被日本學者稱爲「俞良甫版」。

從建陽到汀州，福建不僅刊刻了精英文化中的儒家九經三傳、諸子百家以及文選、文獻通考、賈誼新書、唐律疏議之類的典籍，也刊刻了很多大衆文化讀本，諸如西廂記、花鳥争奇和話本小説。特别在明清兩代書籍流行的趨勢和作爲商品的書籍市場的影響下，蒙學、文範、詩選等教育讀物，風水、星相、類書等實用讀物，小説、戲曲等文藝讀物，在福建大量刊刻。如果我們不是從版本學家的角度，而是從區域文化史的角度去看，這種「易成而速售」（石林燕語卷八，第一一六頁）的書籍生産方式，使得各種文獻從福建走向全國甚至海外，特别是這些既有精英的、經典的，也有普及的、實用的各種知識的傳播，是否正是使得華夏文明逐漸趨向各地同一，同時也日益滲透到上下日常生活世界的一個重要因素呢？

八閩文庫的編纂，當然是爲福建保存鄉邦文獻，前面我們説到，保存鄉邦文獻，就是爲了留住歷史記憶。

五

這次編纂的八閩文庫，擬分爲三個部分。第一部分是「文獻集成」，計劃選擇與收録唐宋以來直到晚清民初的閩人各種著述，以及有關福建的文獻，共一千餘種，這部分採取影印方式，以保存文獻原貌。這是八閩文庫的基礎部分，按傳統的經史子集四部分類，這是爲了便於呈現傳統時代福建書籍面貌，因而數量最多；第二部分是「要籍選刊」，精選一百三十餘種最具代表性的閩人著述及相關文獻，以深度整理的方式點校出版，不僅爲了呈現歷代福建文獻中的精華，也爲了便於一般讀者閱讀；第三部分則爲「專題彙編」，初步擬定若干類，除了文獻總目之外，還將包括書目提要、碑傳集、宗教碑銘、官員奏折、契約文書、科舉文獻、名人尺牘、古地圖等，我們認爲，這是以現代觀念重新彙集與整理歷史資料的一個新方式，它將無法納入傳統的四部分類，卻是對理解福建文化與歷史至關重要的文獻，進行整理彙集，必將爲研究與理解福建，提供更多更系統的資料。

經歷幾年討論與幾年籌備，八閩文庫即將從二〇二〇年起陸續出版，力爭用十年時間，經過一番努力，打下一個比較完備的福建文獻的基礎。

當然，不能説八閩文庫編纂過後，對於福建文獻的發掘與整理就已完成。八閩文庫僅僅是我們這一兩代人的工作，還有更多或更深入的工作，在等待著未來的幾代人去努力。無論從舊材料中發現新問題，還是以新眼光發現新材料，都是建立在前人的基礎上，而又對前人的工作不斷修正完善的過程。還是朱熹寫給陸九齡的那句廣爲流傳的老話：「舊學商量加邃密，新知培養轉深沉。」用舊的傳統融會新的觀念，整理這些縱貫千年的歷史文獻，也就無論「人間有古今」了。

八閩文庫要籍選刊出版説明

福建自唐代以降，名家輩出，著述繁興，流傳千載，聲光燦然。遺存之文獻，多可彰顯福建歷史發展脈絡，展示前賢思想學術及文學藝術成就，爲研究福建區域文化之基本典籍。八閩文庫「要籍選刊」擇取重要之閩人著作及相關福建文獻百數十種，予以點校。其中具備條件者，將採用編年、箋注、校證等方式整理。諸書略依經史子集分部編次，陸續出版。

二〇二一年八月

目録

洗冤集録

附録

新儀象法要

新儀象法要卷中

新儀象法要卷下

校注

〔一〕「渾象六合儀」，原書目録在其後有「渾象地櫃」。
〔二〕「渾象天運輪」「鐵天軸」「天梯」「天托」，原書目録脱，今據正文補。

洗冤集録

［宋］宋慈撰

整理前言

一、作者生平與主要著述

宋慈的生平事蹟記載目前主要見於宋代劉克莊後村先生大全集一五九卷的宋經略墓志銘、明代萬姓統譜及清代福建通志的小傳，特别是清人陸心源，以墓志爲據爲其作傳，收入宋史翼卷二十二循吏五中。宋人認爲宋慈的才識、官德、人品「可與辛棄疾相頡頏」，宋理宗則「以其爲分憂中外之臣，有密贊閫畫之計，特贈朝議大夫，御書墓門以旌之」。

宋慈（一一八六—一二四九），字惠父，福建建陽童遊裏（今福建建陽）人。南宋孝宗淳熙十三年（一一八六），宋慈誕生於福建建陽童遊裏。祖籍河北順德，祖上曾遷居浙江建德。北宋時，宋慈的高祖宋世卿從浙江建德至福建建陽任建陽丞而家居其地。父宋鞏曾任廣州節度推官（節度使幕府掌管刑獄的官員），家境小康。宋慈從小受學於父，十歲時從學建陽學者、朱熹的弟子吴雉，並得到吴雉的同窗黄榦、李方子等名人指教，受朱熹理學思想影響很深。宋慈重視實踐，力求真知，理學的理性思想以及求真務實、格物致知的行爲方式都深深根植在他的世界觀、人生觀、價值觀之中，並對宋慈在司法檢驗方面産生深刻影響，後來的洗冤集録就是宋慈理學思想最有力的實踐結果。

南宋開禧元年（一二〇五），宋慈進京入太學，深得太學博士真德秀的賞識，遂拜其爲師。嘉定十年（一二一七），宋慈中乙科進士，授浙江鄞縣（今浙江寧波）縣尉，遇父病，未赴任。

寶慶二年（一二二六），宋慈始走上仕途，任江西信豐主簿（典領文書，辦理事務）。南宋時期贛閩地區民貧、地狹、人稠，人民處於水深火熱之中，兵亂民反頻發。江西安撫使鄭性之慕其有撥亂反治之才，延入幕府參預軍事。劉克莊餞别宋慈時曾寫下滿江紅送宋惠父入江西幕一詞。當時，江西南部三峒裏少數民族發生變亂，贛南數百里之地都很混亂，劉克莊在詞中不僅希望宋慈儘快平定叛亂，還勸友人不要殘酷鎮壓起義的峒民，應採取招安的措施。後來宋慈參與了平定「三峒賊」戰役。他先賑濟六堡饑民，又率兵三百大破石門寨，俘獲敵酋，因戰功卓著而「特授舍人」。任期屆滿，江西提點刑獄葉宰聘宋慈爲幕僚。

不久，在真德秀推薦下，宋慈又進入福建路招捕使陳韡幕府，參加平定閩中叛亂。宋慈「提孤軍從竹洲進，且行且戰三百餘里」，就連久經鋒鏑的主帥也對他刮目相看，稱讚他「忠勇過武將矣」，在軍事謀劃方面也多咨訪於宋慈。

因得到陳韡賞識，紹定四年（一二三一），宋慈得任長汀縣令。當時縣境内百姓苦於鹽價高昂，從海口溯閩江，鹽運至長汀，要隔年才能到達。宋慈蒞任之初，改從潮州沿韓江、汀江而至長汀，往返僅需三個月，大大節省了運費。官府將鹽廉價出售，百姓無不謳歌載道。

端平三年（一二三六），同知樞密使魏了翁聘宋慈爲幕僚。

嘉熙元年（一二三七），宋慈任職邵武軍（今屬福建）通判，僅及周年，民有餘念。次年，浙西饑荒，宋慈奉詔入境，歎曰：「强宗巨室，始去籍以避賦，終閉糴以邀利，吾當其謀爾。」於是實行「濟糶法」，將人户分爲五等：最富有者出存糧半濟半糶，較富有者糶而不濟，中等者不濟也不糶，次貧者半濟助，赤貧者全濟助。濟米由官府撥付，停徵一半租税。富户不敢違命，貧者得以度過荒年。

嘉熙三年（一二三九），宋慈升任司農丞，知贛州。次年，任廣東提點刑獄，發現所屬官員多不履行職責，有的案犯拘押數年，案情都未釐清曲直。於是制訂辦案規約，責令所屬官員限期審理，僅八個月就處理了兩百多個死囚案件。嘉熙四年（一二四〇），宋慈移任江西提點刑獄兼知贛州，打擊私鹽走私，嚴辦違法的鹽販。

淳祐五年（一二四五），宋慈轉任常州知州，議重修毗陵志，並開始編撰洗冤集録。任滿，轉任廣西提點刑獄，巡行各部，雪冤禁暴，雖偏僻惡溺處所，亦必親往視察。宋慈廉政愛民，執法嚴明，尤其是「於獄案，審之又審，不敢萌一毫慢易心」。

淳祐七年（一二四七），宋慈任直秘閣、湖南提點刑獄。是年冬，撰成洗冤集録。該書乃宋慈採擷前人著作（如内恕録、折獄高抬貴手等書）中有關記載，參以自己的實踐經驗，吸收了民間流傳的醫藥知識撰著而成，用以指導獄事的檢驗。

二、洗冤集録主要内容

洗冤集録的宋刊本迄今尚未發現，現存最早的版本爲元刻本宋提刑洗冤集録。其内容自「條令」起，至「驗狀説」終，共五卷，五十三條。第一卷的條令目下，輯有宋代歷年公布的條令共二十九則，都是針對檢驗官員規定的紀律和注意事項。其餘五十二目，内容大致分作三個方面，即檢驗官員應有的態度和原則，各種屍傷的檢驗和區分方法，保辜和各種救急處理。

洗冤集録是集宋慈以前屍表檢驗經驗之大成的著作。作者在書中開篇即提出不能輕信口供，認爲「告狀切不可信，須是詳細檢驗，務要從實」，對疑難案件「須是多方體訪，務令參會歸一。切不可憑一二人口説，便以爲信」。他還提出檢驗官必須親臨現場，屍格必須由其親自填寫的屍體檢驗原則。

洗冤集録成書雖早在一二四七年，但其中所取得的科學成就頗多。舉其要者，有如下幾個方面。

對一些主要的屍體現象，已經有了較爲明確的認識。洗冤集録中稱：「凡死人，項後、背上、兩肋後、腰腿内、兩臂上、兩腿後、兩曲脷、兩脚肚子上下有微赤色。驗是本人身死後，一向仰卧停泊，血脉墜下，致有此微赤色，即不是别致他故身死。」這裏所稱「血墜」，即是現代法醫學中的「屍斑」。該書還明確提出了動物對屍體的破壞及其與生前傷的鑒别方法：「凡人死後被蟲鼠傷，即皮破無血，破處周廻有蟲鼠齧痕蹤跡，有皮肉不齊去處。若狗咬，則痕跡麄大」。

提出了自縊、勒死、溺死、外物壓塞口鼻死四種機械性窒息的徵象。洗冤集録關於縊死徵象的論述指出：自縊傷痕「腦後分八字，索子不交」。「用細緊麻繩、草索在高處自縊，懸頭頓身致死，則痕跡深。若用全幅勒帛及白練、項帕等物，又在低處，則痕跡淺」。還指出：「若勒喉上，即口閉，牙關緊，舌抵齒不出（又云齒微咬舌）。若勒喉下，則口開，舌尖出齒門二分至三分」，「口吻、兩甲及胷前有吐涎沫」。關於勒死，書中指出它與縊死不同之處在於項下繩索交過，繩索多纏繞數周，並多在項後當正或偏左右繫定，且有繫不盡垂頭處。對於溺死的徵象，書中强調爲：腹肚脹，拍着響；手脚爪縫有沙泥；口鼻内有水沫等。關於外物壓塞口鼻死，書中指出：「若被人以外物壓塞口鼻，出氣不得後命絶死者，眼開睛突，口鼻内流出清血水，滿面血廕赤黑色，糞門突出，及便溺汚壞衣服。」

對機械性損傷進行論述。該書依照唐宋法典的規定，將機械性損傷明確區分爲「他物手足傷」與「刃傷」兩大類。他物就是今天所説的鈍器。書中所述的他物手足傷多指皮下出血而言。書中詳細論述了皮下出血的形狀、大小與兇器的關係，以及根據損傷位置判斷兇手與被害者的位置關係等。對於刃傷的特點，書中描述爲：「若夫刃斧痕，上闊長，内必狹。大刀痕，淺必狹，深必闊。刀傷處，其痕兩頭尖小」。「鎗刺痕，淺則狹，深必透。簳，其痕帶圓。或只用竹鎗、尖竹擔幹着要害處，瘡口多不齊整。」對於刃傷的生前死後鑒別，書中也作了極爲詳盡的論述：「如生前破刃傷，其痕肉闊，花文交出。若肉痕齊截，只是死後假作刃傷痕。如生前刃傷，即有血汁，及所傷痕瘡口皮肉血多花鮮色」。「若死後用刀刃割傷處，肉色即乾白，更無血花也（蓋人死後血脉不行，是以肉色白也）」。「活人被刃殺傷死者，其被刃處皮肉緊縮，有血癊四畔。若被支解者，筋骨皮肉稠黏，受刃處皮肉骨露。死人被割截，屍首皮血如舊，血不灌癊，被割處皮不緊縮，刃盡處無血流，其色白。縱痕下有血，洗檢擠捺，肉内無清血出，即非生前被刃。更有截下頭者，活時斬下，筋縮入；死後截下，項長，並不伸縮」。此外，該書還對中暑死、凍死、湯潑死與燒死等高低溫所致的死亡徵象作了描述，對現場屍體檢查的注意事項作了系統的歸納。

三、主要學術價值

洗冤集録是我國古代一部比較系統地總結屍體檢查經驗的法醫學名著。它自南宋以來，成爲歷代官府屍傷檢驗的藍本，曾被定爲宋、元、明、清各代刑事檢驗的準則。在我國古代司法實踐中，起到過重大作用。該書曾被譯成多種外國文字，深受世界各國重視，在世界法醫學史上占有十分重要的地位。

時至今日，宋慈洗冤集録仍受到廣泛的關注，在於其對現代法醫學司法檢驗以及法律、社會、歷史、文化等多方面有着重要的啟示。

（一）洗冤集録的史料價值

宋慈爲官二十多年，曾任廣東、湖南提點刑獄等職，長期從事司法刑獄工作，在豐富個人閱歷的同時，也積累了豐富的法醫檢驗經驗，爲洗冤集録的編寫提供了大量的資料。

傳統學術一般輕視科學技術，對科學技術的系統性、重要性缺乏認識。在正史或者官修的類書、叢書中也未將科學技術作爲一個系統單獨列出，而是零星記録在其他書籍中。例如，在編寫正史時，由於篇幅和其他條件的限制，並没有將司法刑獄編寫得具體詳細，宋史甚至没有記載宋慈其人，更没有收録洗冤集録。洗冤集録是專門的法醫學專著，内容豐富，彌補了正史所没有的重要歷史資料，爲史學研究提供了寶貴的史料。洗冤集録的記載可以和正史等其他歷史文獻相互考證。洗冤集録由宋慈本人編寫而成，内容專業，多是第一手資料。國家在組織編寫正史時，雖然編寫人員水準高，國家資助多，但由於專業知識的限制，史書也會出錯，所以在司法刑獄方面，洗冤集録的可靠性遠遠高於正史和其他野史。古代中國關於司法檢驗技術方面的書籍數量不多，缺乏專門著作。洗冤集録是法醫學專著，歸納了宋代之前的司法刑獄知識，分門別類，條理明晰，具有工具書的性質，方便人們查閲。

（二）法醫學方面的價值

我國法醫學萌芽於先秦時期，發展於漢唐，兩宋時期鼎盛，明清又進入停滯階段。歷代法律對法醫檢驗也有所提及，但是衹有唐律存世，檢驗制度也最早見於唐律。在唐律中，法醫主要對病者、死者、傷者進行檢驗，「若不如實檢驗，將受處罰：諸有詐病及死傷，受使檢驗不實者，各依所欺減一等。若實病死及傷，不以實驗者，以故入人罪論」。這一規定説明唐代盛行法醫檢驗，對檢驗人員有嚴格要求。

洗冤集録的完成，標志着我國古代法醫學的正式建立。洗冤集録也是世界上最早的一部法醫學著作，不僅整理了大量的案例，還在案例中説明檢驗方法，區分自殺或他殺的差別，明確溺死與非溺死、自縊與假自縊等特殊情況。這反映了宋代法治重視案例指導，最大程度地避免了錯案、冤案的發生。同時，該書還收録了數十條有效的有關自縊、水溺、凍死等的搶救辦法，記載了銀針驗毒、明礬蛋白解砒毒等檢驗方法，運用了昆蟲學等相關的科學知識斷案。從這些關於司法檢驗的具體闡述可以看出，宋代已經創立了比較系統的檢驗科學體系。

洗冤集録所涉及的各種死傷狀況共六十三種，基本上包含了現代法醫學的主要内容，而對犯罪審查、犯罪心理和傷害保護等也多有描述，完善了宋代的法律和醫學文獻。洗冤集録的問世，標志着我國法醫學的成熟，對我國法醫學的發展有定鼎之功。

（三）刑事偵查方面的價值

洗冤集録詳細論述了現場勘驗的經驗、步驟和方法，以及證據收集的手段，完善了我國古代刑事偵查技術，爲宋代乃至後世的司法官員運用偵查方法偵破案件提供了可借鑒的經驗。例如，必須傳喚報案人、知情人與其他相關人員到達現場。又如，勘驗人員在不改變現場的前提下，依靠自身感官去仔細勘驗與現場相關的痕跡，及各個物體的位置、狀態，並且觀察痕跡和物體之間、痕跡與痕跡之間的關係。然後，翻轉和移動現場物體，利用相關勘驗工具對案發現場進行更進一步的勘查。

宋慈認爲，除了對屍體進行仔細檢驗、對現場進行全面勘驗外，還要對相關人員進行調查訪問，將三者分析比較，綜合判斷，去僞存真，由表及裏，才能全面瞭解犯罪過程，掌握犯罪證據。這反映了宋代官員對斷案的認識情況和態度，爲考察研究宋代刑事偵查狀況提供了不可多得的寶貴資料。

（四）制度史方面的價值

洗冤集録除了在法醫學領域有深遠的影響之外，還總結了宋代司法檢驗的制度、思想和實踐經驗，爲研究宋代的司法刑獄制度提供了素材。例如，洗冤集録記載了當時司法檢驗的制度規定，包括檢驗機關及檢驗人員的回避、保密、上報制度，初檢、復檢制度，無憑檢驗、免檢制度，檢驗官的身份規定、管轄範圍，檢驗的時間規定、保辜制度等，體現了宋代完善的檢驗體制。

洗冤集録多著録檢驗官、仵作、青吏等基層檢驗人員，所記載的事例也多和這些人有關。這有利於瞭解宋代基層司法檢驗人員的設置和工作狀況，爲瞭解宋代基層法制提供了窗口。此外，洗冤集録中還對司法檢驗工作者提出了各項要求，例如恤民原則、慎斷原則、及時原則、嚴明原則、親驗原則等；規定了對檢驗官吏的瀆職、失職或貪贓枉法的處罰；明確了檢驗工作者的職業道德。這些都爲當今的行政制度建設、法制建設提供一定的歷史借鑒。

（五）社會史方面的價值

文書作品總是帶有時代色彩，通過對洗冤集録的細化分析，不難發現它所表現出來的時代性。尤其是洗冤集録多記載死傷案例等，讀者能從文中窺探出南宋時期基本的社會風貌。

洗冤集録中許多案例涉及南宋時期人們對屍體的處理方式、墓葬形式、墓葬習俗等。最顯著的就是墓葬習俗。由於案件和驗屍的需要，書中時常對墓葬方向、大小面積，墓葬格局，墓主人身份地位、衣帽穿着等進行基本描述，體現了南宋時期的墓葬風俗。洗冤集録還對當時百姓日常生活的諸多方面進行描述，呈現出當時人與自然的相處模式以及生活飲食、風俗、農事等景象。如從書中多次提到人被牛馬踏死、車輪傾軋的情況可知，當時社會的交通工具主要是牛車、馬車；從服毒、放蠱可知，宋代民間盛行巫術；從「南方之民，每有小小争競，便自盡其命，而謀賴人者多矣」可知，宋代江南地區訴訟成風，一些人爲在争訟中勝訴，甚至自殺。這都是瞭解南宋時期人民生活最直接的一手資料。

此外，宋慈所處的年代正值朱子理學興起，他深受朱子思想的影響，洗冤集録正是在這種主流思想的指導下完成的，處處體現了南宋理學「即物窮理」「求真務實」的思想。首先，宋慈在洗冤集録中對於存疑的案件絕不馬虎，認真探尋真相，打破以往「重口供、輕證據」的斷案慣例，避免了冤假錯案的發生。其次，宋慈在洗冤集録中維護倫理道德的思想顯而易見。宋代隨着經濟的興盛，爲了私利，社會爭鬥隨之興起。洗冤集録中就列舉了大量家族倫理、利益糾紛的案件。可見，宋慈希望社會倫理道德能夠正常化，雖然强調公正評判案件，實質是以此强化封建社會的倫理道德，以法律案件的形式規勸、教化民衆。這爲研究宋代的理學思想提供了一個新的切入點。

四、版本源流及底本與校本的確定

洗冤集録主要以正本、改編本兩種形式傳世，包括元刻本、仿元本及重刊本。因其影響深遠，元、明、清刊刻衆多，版本混亂不清。

（一）洗冤集録最初的書名及卷數

據現存元刊本洗冤集録序載：「遂博採近世所傳諸書，自内恕録以下，凡數家，會而粹之，釐而正之，增以己見，總爲一編，名曰洗冤集録。刊於湖南憲治。」可見，該書原名爲洗冤集録。

洗冤集録的初版時間是宋淳祐丁未（一二四七），由宋慈於湖南憲治自刻，其書五卷，五十三目。當時宋慈正值湖南提刑充大使行府參議官任上，故後世翻刻時又將此書題爲宋提刑洗冤集録。

那麼，宋慈自定的書名洗冤集録何以變成了洗冤録，五卷本又怎麼變成了四卷本呢？這其實與後世對洗冤集録的注釋、增補工作和擅改書名有關係。明代晚期著名醫學家王肯堂曾爲洗冤集録作注釋，書名爲洗冤録箋釋，這是洗冤集録改稱洗冤録之始。其後，清代康熙年間刑部郎中高郵王明德又爲洗冤集録作增補，書名爲洗冤録補。康熙三十三年（一六九四），官修律例館校正洗冤録四卷本成書並被多次翻刻，流傳極廣，四卷本律例館校正洗冤録就以絶對壓倒的優勢，取代了五卷本宋提刑洗冤集録。而此書又無序跋或編輯緣起之類的説明，這就使得後世多誤以洗冤録爲書名，五卷本變成了四卷本。由此可知，以洗冤録爲名的著作，多數是明代以後在宋慈所著洗冤集録基礎上進行注釋、增補的著作。四卷本律例館校正洗冤録是清代的官書，而五卷本洗冤集録才是宋代宋慈的私著。

（二）洗冤集録的版本流傳

洗冤集録初刻本與宋代其他版本皆不存。洗冤集録影宋抄本曾流傳到清代。清代學者許梿、陸心源都曾見過。許梿於咸豐四年（一八五四）校對過此書。他在刻洗冤録詳義敘中説：「讀得影宋抄本集録暨諸家校本，稍復損益，兼以歷年親檢名案附載一二，徵驗異同。」陸心源曾爲影宋抄本寫過跋，曰：「宋提刑洗冤録五卷，影宋抄本，題曰朝散大夫、新除直秘閣、湖南提刑充大使行府參議官宋慈惠父編。」陸心源所説的宋提刑洗冤録影宋抄本，其書現流入日本，藏岩崎氏静嘉堂文庫。

元大德建陽余氏勤有堂刊本

建陽是宋慈的故鄉，其書多有流傳。現存最早的宋提刑洗冤集録版本是元大德間建阳余氏勤有堂刊本，現藏於北京大學圖書館。該本凡五卷，半葉十六行，行二十七字，黑口，卷端題「朝散大夫、新除直秘閣、湖南提刑充大使行府參議官宋慈惠父編」，有淳祐丁未宋慈自序。

該本成爲日後衆多版本的祖本。士禮居藏書題跋記、文祿堂訪書記等書目著録了該版本。

明嘉靖二十五年（一五四六）刻本

明代早期的刊本書名沿用洗冤集録，凡五卷，五十三篇，現存南京圖書館。清莫友芝郘亭知見傳本書目著録：「洗冤集録五卷，宋慈撰，明嘉靖丙午刊本。孫氏岱南閣叢書刊，附唐律後。」另據清代藏書家丁丙善本書室藏書志著録：「洗冤録五卷，明刊本，自『條令』至『驗狀説』凡五十三條，序文已佚。」據其篇目推知，這個明嘉靖本應是據元刊本翻刻。

清嘉慶孫星衍重刻本

清蘭陵孫星衍原藏有元槧本洗冤集録，初於嘉慶十二年（一八〇七）依據元勤有堂本校刊，由顧廣圻復校刊印，附在孫氏所刻故唐律疏義之後，後又被收入平津館叢書及岱南閣叢書中，稱岱南閣叢書本、岱南閣仿元本。卷首有牌記「蘭陵孫氏元槧重刊」字樣，並附有元朝的檢驗制度聖朝頒降新例。目録下有「嘉慶丁卯山東督糧道孫星衍依元本校刊，元和縣學生員顧廣圻覆校，金陵劉文奎鐫」等字樣，書前有摹宋慈洗冤集録序手跡。因孫氏精於校勘，此本又是據元刊本重刻，故是目前流傳較廣的本子。全書五卷，五十三目。首卷之前所附的聖朝頒降新例七項，皆是至元、大德、延祐間所頒的條例，則是元刻時所增入。

清嘉慶吴鼒重刻本

清嘉慶十七年（一八一二），藏書家吴鼒將宋慈洗冤集録、趙逸齋平冤録和王與無冤録三書彙集，並刻印成宋元檢驗三録，後收入續修四庫全書第九七二冊。關於其書所收洗冤集録的來源，吴鼒在刻宋元檢驗三録序中記：「宋元之世，内恕録、結案式等書皆不傳，傳者僅宋淳祐之宋慈惠父洗冤集録五卷、無時代佚名氏之平冤録一卷、元至治之東甌王氏與無冤録二卷。觀無冤録之言驗法不同曰：『洗冤、平冤録皆古書也，有益於後學多矣，二書互有得失，雖已集而爲一，不敢妄意改易』云云，知元英宗時，三書曾並行，厥後鮮傳，藏弆者罕，或幾不能悉舉其名。頃來吴門獲見於元和顧千裏茂才家槧者一，舊鈔者二」，「乃亟從千裏借得合刊之，縮爲袖珍本，便爲政者行笈攜帶也。」可知吴鼒洗冤集録是據顧廣圻藏本重刊。另有顧廣圻重刻宋元檢驗三録後序記：「宋代始有檢驗之書，然自内恕録等皆亡佚無考，其存者莫先於淳熙間宋慈惠父洗冤集録。向得元槧本，丁卯歲爲孫淵如觀察摹刻於江寧，附故唐律疏議後以行。旋又得無名氏平冤録、元東甌王氏洗冤録二種，皆舊鈔本，乃並取三録合成一編。」因當時孫氏與吴氏的洗冤集録重刊本都由顧廣圻所刻，因此可推測吴鼒重刻本是按孫星衍重刻所用元刊本覆刻。

（三）洗冤集録版本研究失誤問題

論述宋慈和洗冤集録的文章、著作甚多。但有很大一部分論文和專著存在失誤，即對洗冤集録的版本不加考證，以偏概全，把明清改編、增補的洗冤集録相關著作誤認爲宋慈的洗冤集録。

管成學曾指出，洗冤集録是宋慈的著作，成書於淳祐丁未（一二四七），但許多文章和專著都把清代律例館校正洗冤録當作宋代的著作。清代律例館校正洗冤録中雖保留了大量宋慈原書的内容，但也有許多論述是後人增補的。把康熙三十三年（一六九四）才總結出來的法醫學知識，錯誤地寫到了宋慈的名下，並且還用這些清代人增補的材料與意大利人佛圖納圖·菲德裏（Fortunatus Fideli）寫於一六〇二年的法醫學著作相比較，這就使原比意大利晚九十多年的成就，被誤爲早了三百五十多年。

造成洗冤集録研究中版本失誤之根源是没有對版本加以考證。古代雖有許多人把洗冤集録誤稱爲洗冤録，但也有一些人已經注意到了兩書的混淆問題。

清末阮其新對兩書的區别曾有過説明。李璋煜續增洗冤録辨證參考原序一云：「博採近世諸書，自内恕録以下，凡數家，薈萃釐正，增以已見爲一編，名曰洗冤集録。刊於湖南憲治。後來檢驗諸書，大抵以是爲藍本，而遞相考究，互有增損，則不及後來之周密也。夫洗冤録一書，入官佐幕者，無不肄習，而於書之來歷，則未知之也，故特標於卷首。」阮其新明確指出了宋慈洗冤集録是洗冤録的底本。著名學者錢大昕也曾指出：「洗冤集録五卷，朝散大夫、新除直秘閣、湖南提刑充大使行府參議官宋慈惠父編」，「而至今官司檢驗奉爲金科玉律，但屢經後人增改，失其本來面目，唯初刻爲可貴。」

道光七年（一八二七）錢大昕的女婿瞿中溶考證兩書的差别時説：「館本洗冤録『踢傷致死』條附小注，一説言婦人羞秘骨，若係娼妓，則青黑殆遍。予曾聞之友人，云嘗試驗之，其説未確。案此條乃金壇王氏讀律佩觿所增，惠父原書並無其文」，正確指出了四卷本律例館校正洗冤録中這一歧視婦女的條文，是五卷本宋慈原書中所没有的。可惜，造成上述失誤的學者，没有認真研讀這些古人的意見。版本考證是古籍研究的基礎，忽視了版本考證會使學術研究變成無源之水、無本之木，甚至張冠李戴，變今爲古。這是每位學術工作者必須汲取的教訓。

（四）底本與校本的選定

綜合以上版本調研及内容比較，北京大學圖書館善本書室所藏元刻本宋提刑洗冤集録五卷，不含元代聖朝頒降新例，更接近洗冤集録的宋槧原刊本，版本價值最高，選作本次整理的底本。清代孫星衍依據卷首附有元代聖朝頒降新例的元刻本宋提刑洗冤集録重刊，也稱「蘭陵孫氏元槧重刊本」（簡稱「孫星衍重刊本」），條文次序與底本一致，文字清晰，作爲本次整理的主校本。整理時對底本中的古字、異體字、通假字等一般予以保留，俾讀者窺其全貌。

洗冤集録序

獄事莫重於大辟，大辟莫重於初情，初情莫重於檢驗。蓋死生出入之權輿，幽枉屈伸之機括，於是乎决。法中所以通差令、佐、理、掾者，謹之至也。年來州縣悉以委之初官，付之右選。更歷未深，驟然嘗試。重以仵作之欺僞，吏胥之姦巧，虚幻變化，茫不可詰。縱有敏者，一心兩目，亦無所用其智，而况遥望而弗親，掩鼻而不屑者哉。慈四叨臬寄，他無寸長，獨於獄案審之又審，不敢萌一毫慢易心。若灼然知其爲欺，則亟與駁下。或疑信未决，必反覆深思，惟恐率然而行，死者虚被澇漉。每念獄情之失，多起於發端之差；定驗之誤，皆原於歷試之淺。遂博採近世所傳諸書，自内恕録以下，凡數家，會而粹之，釐而正之，增以己見，總爲一編，名曰洗冤集録，刊於湖南憲治，示我同寅，使得參驗互考。如醫師討論古法，脈絡表裏，先已洞澈，一旦按此以施鍼砭，發無不中。則其洗冤澤物，當與起死回生同一功用矣。

淳祐丁未嘉平節前十日，朝散大夫、新除直秘閣、湖南提刑充大使行府參議官宋慈惠父序。

賢士大夫或有得於見聞及親所歷涉，出於此集之外者，切望片紙録賜，以廣未備。慈拜稟。

洗冤集録序終

宋提刑洗冤集録卷之一

朝散大夫、新除直秘閣、湖南提刑充大使行府參議官宋慈惠父編

一、條令

諸屍應驗而不驗，初、覆同。或受差過兩時不發，遇夜不計，下條准此。或不親臨視，或不定要害致死之因，或定而不當，謂以非理死爲病死，因頭傷爲脇傷之類。各以違制論。即憑驗狀致罪已出入者，不在自首覺舉之例。其事狀難明，定而失當者，杖一百，吏人、行人一等科罪。

諸被差驗覆，非係經隔日久而輒稱屍壞不驗者，坐以應驗不驗之罪。淳祐詳定。

諸驗屍，報到過兩時不請官者，請官違法或受請違法而不言，或牒至應受而不受，

或初、覆檢官吏、行人相見及漏露所驗事狀者，各杖一百。若驗訖，不當日內申所屬者，准此。

諸縣承他處官司請官驗屍，有官可那而稱闕，若闕官而不具事因申牒，或探伺牒至而託故在假被免者，各以違制論。

諸行人因驗屍受財，依公人法。

諸檢覆之類應差官者，差無親嫌干礙之人。

諸命官所任處，有任滿賞者，不得差出，應副檢驗屍者聽差。

諸驗屍，州差司理參軍，本院囚別差官，或止有司理一院，准此。縣差尉。縣尉闕，即以次差簿、丞、縣丞不得出本縣界。監。當官皆闕者，縣令前去。若過十里，或驗本縣囚，牒最近縣。其郭下縣皆申州。應覆驗者，並於差初驗日，先次申牒差官。應牒最近縣，而百里內無縣者，聽就近牒巡檢或都巡檢。內覆檢應止牒本縣官，而獨員者准此，謂非見出巡捕者。

諸監當官出城驗屍者，縣差手力伍人當直。

諸死人未死前，無緦麻以上親在死所，若禁囚責出十日內及部送者同。並差官驗屍。人力、女使經取口詞者，差公人。因及非理致死者，仍覆驗。驗覆訖，即爲收瘞。仍差人監視。親戚收瘞者，付之。若知有親戚在他所者，仍報知。

諸屍應覆驗者，在州申州，在縣，於受牒時牒屍所最近縣。狀牒内各不得具致死之因〔一〕。相去百里以上而遠於本縣者，止牒本縣官。獨員即牒他縣。

諸請官驗屍者，不得越黄河、江、湖，江、河，謂無橋梁；湖，謂水漲不可渡者。及牒獨員縣。郭下縣聽牒，牒至即申州差官前去。

諸驗屍應牒近縣而牒遠縣者，牒至亦受，驗畢申所屬。

諸屍應牒鄰縣驗覆，而合請官在别縣，若百里外，或在病假，不妨本職非。無官可那者，受牒縣當日具事因，在假者其〔二〕日時。保明申本州及提點刑獄司，並報元牒官司，仍牒以次縣。

諸初、覆檢屍格目，提點刑獄司依式印造，每副初、覆各三紙，以千字文爲號，鑿定給下州縣。遇檢驗，即以三紙先從州縣填訖，付被差官。候檢驗訖，從實填寫。一申州縣，一付被害之家，無即繳回本司。一具日時字號，入急遞，徑申本司點檢。遇有第三次後檢驗准此。

諸因病死，謂非在囚禁及部送者。應驗屍，而同居緦麻以上親，或異居大功以上親，至死所而願免者，聽。若僧道有法眷，童行有本師，未死前在死所，而寺觀主首保明各無他故者亦免。其僧道雖無法眷，但有主首或徒衆保明者，准此。

諸命官因病亡，謂非在禁及部送者。若經責口詞，或因卒病，而所居處有寺觀主首，或店户及鄰居，並地分合干人，保明無他故者，官司審察，聽免檢驗。

諸縣令、丞、簿，雖應差出，須常留一員在縣。非時俱闕，州郡差官權。

諸稱違制論者，不以失論。刑統制曰：「謂奉制有所施行而違者，徒二年。若非故違而失錯旨意者，杖一百」。

諸監臨主司受財枉法二拾匹，無祿者二十五匹，絞。若罪至流，及不枉法贓伍拾匹，配本城。

諸以毒物自服，或與人服，而誣告人，罪不至死者，配千里。若服毒人已死，而知情誣告人者，並許人捕捉，賞錢五十貫。

諸緦麻以上親因病死，輒以他故誣人者，依誣告法，謂言毆死之類，致官司信憑以經檢驗者。不以廕論，仍不在引虛減等之例。即緦麻以上親自相誣告，及人力、女使病死，其親輒以他故誣告主家者，准此。尊長誣告卑幼，廕贖減等，自依本法。

諸有詐病及死傷，受使檢驗不實者，各依所欺減一等。若實病死及傷，不以實驗者，以「故入人罪」論。刑統議曰：上條詐疾病者，杖一百。檢驗不實同詐妄，減一等，杖九十。

諸屍雖經驗，而係妄指他屍告論，致官司信憑推鞫，依誣告法。即親屬至死所妄認者，杖八十。被誣人在禁致死者，加三等。若官司妄勘者，依入人罪法。

刑統疏：以他物毆人者，杖六十。見血爲傷。非手足者其餘皆爲他物，即兵不用刃亦是。

申明刑統：以鞾鞵踢人傷，從官司驗定。堅硬即從他物，若不堅硬即難作他物例。

諸保辜者，手足限十日，他物毆傷人者二十日，以刃及湯火三十日，折日折跌肢體及破骨者五十日。限内死者，各依殺人論。諸齧人者，依他物法。辜内墮胎者，墮後別保三十日，仍通本毆傷限，不得過五十日。其在限外，及雖在限内以他故死者，各依本毆傷法。他故謂別增餘患而死。假毆人頭傷，風從頭瘡而入，因風致死之類，仍依殺人論。若不因頭瘡得風而死，是爲他故，各依本毆傷法。

乾道六年，尚書省此狀：「州縣檢驗之官，並差文官，如有闕官去處，覆檢官方差右選。」一本所看詳：「檢驗之官自合依法差文臣。如邊遠小縣，委的闕文臣處，覆檢官權差識字武臣。今聲説照用。」

嘉定十六年二月十八日敕：「臣僚奏：『檢驗不定要害致命之因，法至嚴矣，而檢覆失實，則爲覔舝，遂以苟免。欲望睿旨下刑部看詳，頒示遵用。』刑寺長貳詳議：『檢驗不當，覔舝自有見行條法。今檢驗不實，則乃爲覔舝，遂以苟免。今看詳，命官檢驗不實或失當，不許用覔舝原免。餘並依舊法施行。』奉聖旨依。」

二、檢覆總説上

凡驗官多是差廳子、虞候，或以親隨作公人、家人名目前去，追集鄰人保伍，呼爲先牌，打路排保，打草踏路，先馳看屍之類，皆是搔擾鄉衆。此害最深，切須戒忌。

凡檢驗承牒之後，不可接見在近官員、秀才、術人、僧道，以防姦欺及招詞訴。仍未得鑿定日時於牒，前到地頭約度程限，方可書鑿，庶免稽遲。仍約束行吏等人，不得少離官員，恐有乞覓。遇夜，行吏須要勒令供狀，方可止宿。

凡承牒檢驗，須要行兇人隨行，差土著有家累田產、無過犯節級、教頭，部押公人看管。如到地頭，勒令行兇人當面對屍，子細檢喝，勒行人、公吏對衆鄰保當面供狀。不可下司，恐有過度走弄之弊。如未獲行兇人，以鄰保爲衆證。所有屍帳，初、覆官不可漏露。仍須是躬親詣屍首地頭，監行人檢喝，免致出脱重傷處。

凡檢官遇夜宿處，須問其家是與不是兇身血屬親戚，方可安歇，以别嫌疑。

凡血屬入狀乞免檢，多是暗受兇身買和，套合公吏入狀，檢官切不可信憑，便與備申，或與繳回格目。雖得州縣判下，明有公文照應，猶須審處。恐異時親屬争錢不平，必致生詞，或致發覺，自亦例被，汚穢難明。

凡行兇器仗〔三〕，索之少緩，則姦囚之家藏匿移易，粧成疑獄，可以免死，干係甚重。初受差委，先當急急收索。若早出官，又可參照痕傷大小、闊狹，定驗無差。

凡到檢所，未要自向前，且於上風處坐定，略唤死人骨屬或地主、湖南有地主，他處無。競主，審問事因了，點數干係人及鄰保，應是合於檢狀。着字人齊足，先令剳下硬四至，始同人吏向前看驗。若是自縊，切要看吊處及項上痕。更看繫處塵土曾與不曾移動及繫吊處高下，元踏甚處，是甚物上得去繫處。更看垂下長短，項下繩帶大小，對痕闊狹，細看是活套頭、死套頭。有單掛十字繫，有纏繞繫，各要看詳。若是臨高撲死，要看失脚處土痕蹤跡、高下。若是落水渰死，亦要看失脚處土痕、高下及量水淺深。

其餘殺傷、病患諸般非理死人，剳四至了，但令扛舁明净處，且未用湯水、酒醋，先乾檢一遍，子細看腦後、頂心、頭髮内，恐有火燒釘子釘入骨内。其血不出，亦不見痕損。更切點檢眼睛、口、齒、舌、鼻、大小便二處，防有他物。然後用温水洗了，先使酒醋蘸抵〔四〕，搭頭面上、胷脇、兩乳、臍腹、兩肋間，更用衣被蓋罨了，澆上酒醋，用薦席罨一時久方檢。不得信令行人只將酒醋潑過，痕損不出也。

三、檢覆總説下

凡檢驗，不可信憑行人。須令將酒醋洗净，子細檢視。如燒死，口内有灰。溺死，腹脹，内有水。以衣物或濕紙搭口鼻上死，即腹乾脹。若被人勒死，項下繩索交過，手指甲或抓損。若自縊，即腦後分八字，索子不交。繩在喉下，舌出；喉上，舌不出。切在詳細。自餘傷損致命，即無可疑。如有疑慮，即且捉賊。捉賊不獲，猶是公過，若被人打殺，却作病死，後如獲賊，不免深譴。

凡檢驗文字，不得作「皮破血出」。大凡皮破即血出。當云：「皮微損，有血出。」

凡定致命痕，雖小，當微廣其分寸。定致命痕，内骨折，即聲説：骨不折，不須言「骨不折」，却重害也。或行兇器杖未到，不可分毫增減，恐他日索到異同。

凡傷處多，只指定一痕係要害致命。

凡聚眾打人，最難定致命痕。如死人身上有兩痕皆可致命，此兩〔五〕痕若是一人下手則無害。若是兩人，則一人償命，一人不償命。須是兩痕内斟酌，得最重者爲致命。

凡官守，戒訪外事。惟檢驗一事，若有大段疑難，須更廣布耳目以合之，庶幾無誤。如鬬毆，限内身死，痕損不明，若有病色，曾使醫人、師巫救治之類，即多因病患死。

若不訪問，則不知也。雖廣布耳目，不可任一人，仍在善使之。不然，適足自誤。

凡行貿〔六〕人，不得受他通吐，一例收人解送。待他到縣通吐後，却勾追，恐手脚下人妄生事搔擾也。

凡初、覆檢訖，血屬、耆正副、鄰人，並責狀看守屍首。切不可混同解官，徒使被擾。但解兇身、干證。若獄司要人，自會追呼。

凡檢覆後，體訪得行兇事因不可見之公文者，面白長官，使知曲折，庶易勘鞫。

近年諸路憲司行下，每於初、覆檢官内就差一員兼體究。凡體究者，必須先喚集鄰保，反覆審問。如歸一，則合款供。或見聞參差，則令各供一款。或併責行兇人供吐大略，一併繳申本縣及憲司。縣獄憑此審勘，憲司憑此詳覆。或小有差互，皆受重責。簿、尉既無刑禁，鄰里多已驚奔。若憑吏卒開口，即是私意。須是多方體訪，務令參會歸一。切不可憑一二人口説，便以爲信，及備三兩紙供狀，謂可塞責。況其中不識字者，多出吏人代書。其鄰證内，或又與兇身是親故，及暗受買囑符合者，不可不察。

隨行人吏及合干人，多賣弄四鄰。先期縱其走避，只捉遠鄰或老人、婦人及未成丁人塞責。或不得已而用之，只可參互審問，終難憑以爲實，全在斟酌。又有行兇人，恐要切干證人直供，有所妨礙，故令藏匿。自以親密人或地客、佃客出官，合套誣證，不可不知。

頑因多不伏於格目内兇身下填寫姓名、押字。公吏有所取受，反教令別撰名色，寫作「被誣」或「干連」之類，欲乘此走弄出入。近江西宋提刑重定格目，申之朝省，添入「被執人」一項。若虚實未定者，不得已與之，就下書填。其確然是實者，須勒令僉押於正行兇字下。不可姑息詭隨，全在檢驗官自立定見。

四、疑難雜説上

凡驗屍，不過刀刃殺傷與他物鬬打、拳手毆擊，或自縊，或勒殺，或投水，或被人溺殺，或病患，數者致命而已。然有勒殺類乎自縊，溺死類乎投水，鬬毆有在限内致命而實因病患身死，人力、女使因被捶撻，在主家自害、自縊之類。理有萬端，並爲疑難。臨時審察，切勿輕易。差之毫釐，失之千里。

凡檢驗疑難屍首，如刃物所傷透過者，須看内外瘡口。大處爲行刃處，小處爲透過處。如屍首爛，須看其元衣服，比傷着去處。屍或覆卧，其右手有短刃物及竹頭之類，自喉至臍下者，恐是酒醉攧到，自壓自傷。如近有登高處或泥，須看身上有無矛物，有無損動處，恐因取物失脚自傷之類。

檢婦人，無傷損處，須看陰門，恐自此入刀於腹内。離皮淺則臍上下微有血沁，深則無。多是單獨人求食婦人。

如男子，須看頂心，恐有平頭釘。糞門，恐有硬物自此入。多是同行人，因丈夫年老、婦人年少之類也。

凡屍在身無痕損，唯面色有青黯，或一邊似腫，多是被人以物搭口鼻及罨搗殺。或是用手巾、布袋之類絞殺不見痕，更看頂上肉硬即是。切要者手足有無繫縛痕，舌上恐有嚼破痕，大小便二處恐有踏腫痕。若無此類，方看口内有無涎唾，喉間腫與不腫。如有涎及腫，恐患纏喉風死，宜詳。

若究得行兇人，當來有窺謀，事跡分明，又已招伏，方可檢出。若無影跡，即恐是酒醉卒死。

多有人相鬪毆了，各自分散。散後，或有去近江河池塘邊洗頭面上血，或取水喫，却爲方相打了，尚困乏，或因醉相打後頭旋，落水渰死。落水時尚活，其屍腹肚膨脹，十指甲内有沙泥，兩手向前，驗得只是落水渰死分明。其屍上有毆擊痕損，更不可定作致命去處，但一一劄上驗狀，只定作落水致命最捷。緣打傷雖在要害處，尚有辜限在，在法雖在辜限内及限外，以他故死者，各依本毆傷法。注：他故，謂别增餘患而死者。

今既是落水身死，則雖有痕傷，其實是以他故致死分明。曾有驗官，爲見頭上傷損，却定作因打傷迷悶，不竟倒在水内。却將打傷處作致命，致招罪人翻異不絶。

更有相打散，乘高撲下卓死，亦然。但驗失脚處高下、撲損痕瘢、致命要害處，仍須根究曾見相打分散證佐人。

凡驗因争鬬致死，雖二主分明而屍上並無痕損，何以定要害致命處？此必是被傷人舊有宿患氣疾，或是未争鬬以前先曾飲酒至醉，至争鬬時有所觸犯，致氣絶而死也。如此者，多是腎子或一箇或兩箇縮上不見，須用温醋湯蘸衣服或綿絮之類罨一飯久，令仵作行人以手按小腹下，其腎子自下，即其驗也。然後子細看要害致命處。

昔有甲乙同行，乙有隨身衣物，而甲欲謀取之。甲呼乙行路，至溪汀，欲渡中流，甲執乙就水而死。是無痕也，何以驗之？先驗其屍瘦劣、大小，十指甲各黑黯色，指甲及鼻孔内各有沙泥，胷前赤色，口唇青斑，腹肚脹。此乃乙劣而爲甲之所執於水而致死也，當究甲之元情，須有贓證以觀此驗，萬無失一。

又有年老人，以手㨂之而氣亦絶，是無痕而死也。

有一鄉民，令外甥并鄰人子，將鋤頭同開山種粟，經再宿不歸，及往觀焉，乃二人俱死在山，遂聞官。隨身衣服並在，牒官驗屍。驗官到地頭，見一屍在小茅舍外，後項骨斷，頭、面各有刃傷痕。一屍在茅舍内，左項下、右腦後各有刃傷痕。在外者，衆曰先被傷而死。在内者，衆曰後自刃而死。官司但以各有傷，别無財物，定兩相併殺。一驗官獨曰：「不然。若以情度情，作兩相併殺而死可矣。其舍内者，右腦後刃痕可疑，豈有自用刃於腦後者？手不便也。」不數日間，乃緝得一人，因讎併殺兩人。縣案明，遂聞州，正極典。不然，二冤永無歸矣。大凡相併殺，餘痕無疑，即可爲檢驗。貴在精專，不可失悮。

宋提刑洗冤集録卷之一

校勘記

〔一〕「囚」，孫星衍重刊本作「因」。

〔二〕「其」，孫星衍重刊本作「具」。

〔三〕「仗」，據後文「或行兇器杖未到」，當爲「杖」。

〔四〕「抵」，孫星衍重刊本作「紙」。

〔五〕「兩」，原書其下有空白，应係削去所刻誤字造成。

〔六〕「㫚」，孫星衍重刊本作「兇」。

宋提刑洗冤集録卷之二

五、疑難雜説下

有檢驗被殺屍在路傍，始疑盜者殺之。及點檢，沿身衣物俱在，遍身鐮刀斫傷十餘處。檢官曰：「盜只欲人死取財，今物在傷多，非冤讎而何？」遂屏左右，呼其妻問曰：「汝夫自來與甚人有冤讎最深？」應曰：「夫自來與人無冤讎，只近日有某甲來做債，不得，曾有尅期之言，然非冤讎深者。」檢官默識其居，遂多差人分頭告示側近居民：「各家所有鐮刀盡底將來，只今呈驗。如有隱藏，必是殺人賊，當行根勘。」俄而，居民賫到鐮刀七八十張，令布列地上。時方盛暑，内鐮刀一張，蠅子飛集。檢官指此鐮刀問：「爲誰者？」忽有一人承當，乃是做債尅期之人。就擒訊問，猶不伏。檢官指刀令自看：「衆人鐮刀無蠅子，今汝殺人，血腥氣猶在，蠅子集聚，豈可隱耶？」左右環視者失聲嘆服，而殺人者叩首服罪。

昔有深池中溺死人，經久，事屬大家因讎事發。體究官見皮肉盡無，惟髑髏骸骨尚在，累委官不肯驗，上司督責至數人，獨一官員承當。即行就地檢骨，先點檢見得其他並無痕跡，乃取髑髏净洗，將净熱湯瓶細細斟湯，灌從腦門穴入，看有無細泥沙屑自鼻孔竅中出，以此定是與不是生前溺水身死。蓋生前落水，則因鼻息取氣，吸入沙土，死後則無。

廣右有兇徒謀死小童行而奪其所賫。發覺，距行兇日已遠。囚已招伏：「打奪就推入水中。」尉司打勞〔一〕已得屍於下流，肉已潰盡，僅留骸骨，不可辨驗，終未免疑其假合，未敢處斷。後因閱案卷，見初焉體究官繳到血屬所供，稱其弟元是龜胷而矮小。遂差官覆驗，其胷果然，方敢定刑。

南方之民，每有小小争競，便自盡其命而謀賴人者多矣。先以櫸樹皮罨成痕損，死後如他物所傷。何以驗之？但看其痕，裏面須深墨色，四邊青赤，散成一痕，而無虛腫者，即是生前以櫸皮罨成也。蓋人生即血脉流行，與櫸相扶而成痕。若以手按着，痕損處虛腫，即非櫸皮所罨也。若死後以櫸皮罨者，即苦無散遠青赤色，只微有黑色，而按之不緊硬者，其痕乃死後罨之也。蓋人死後血脉不行，致櫸不能施其效。更在審詳元情，屍首痕損那邊長短，能合他物大小，臨時裁之，必無踈誤。

凡有死屍肥壯無痕損，不黄瘦，不得作病患死。又有屍首無痕損，只是黄瘦，亦不得據所見只作病患死檢了，切須子細驗定因何致死。唯此等檢驗最誤人也。

凡疑難檢驗，及兩争之家稍有事力，須選慣熟仵作人，有行止畏謹守分貼司，並隨馬行。飲食水火，令人監之，少休以待其來。不如是，則私請行矣。假使驗得甚實，吏或受賂，其事亦變。官吏獲罪猶庶幾，變動事情，枉致人命，事實重焉。

應檢驗死人，諸處傷損並無，不是病狀，難爲定驗者，先須勒下骨肉次弟等人狀訖，然後剃除死人髮髻，恐生前被人將刃物釘入顖門或腦中，殺害性命。

被殘害死者，須檢齒、舌、耳、鼻内或手足指甲中，有簽刺筭害之類。

凡檢驗屍首，指定作被打後服毒身死，及被打後自縊身死、被打後投水身死之類，最須見得親切，方可如此申上。世間多有打死人後，以藥灌入口中，誣以自服毒藥，亦有死後用繩吊起，假作生前自縊者，亦有死後推在水中，假作自投水者。一或差互，利害不小。今須子細點檢死人在身痕傷，如果不是要害致命去處，其自縊、投水及自服毒，皆有可憑實跡，方可保明。

六、初檢

告狀切不可信，須是詳細檢驗，務要從實。有可任公吏使之察訪，或有非理等説，且聽來報，自更裁度。戒左右人，不得鹵莽。

初檢，不得稱「屍首壞爛，不任檢驗」，並須指定要害致死之因。凡初檢時，如體問得是争鬭分明，雖經多日，亦不得定作無憑檢驗，招上司問難。須子細定當痕損致命去處。若委是經日久變動，方稱屍首不任擺撥。

初檢屍有無傷損訖，就驗處襯簟屍首在物上，復以物蓋。候畢，周圍用灰印，記有若干枚，交與守屍弓手、耆正副、鄰人看守，責狀附案，交與覆檢，免至被人殘害傷損屍首也。若是疑難檢驗，仍不得遠去，防要檢異同。

七、覆檢

與前檢無異，方可保明具申。萬一致命處不明，痕損不同，如以藥死作病死之類，不可概逆。前檢受弊，覆檢者烏可不究心察之，恐有連累矣。檢得與前驗些小不同，遷就改正。果有大段違戾，不可依隨。更再三審問干係等人，如衆稱可變，方據檢得異同事理供申。不可據已見，便變易。覆檢，如屍經多日，頭面胖脹，皮髮脱落，唇口翻張，兩眼迭出，蛆蟲咂食，委實壞爛，不通措手。若係刃傷、他物、拳手足踢痕，虚處，方可作無憑覆檢狀申。如是他物及刃傷骨損，宜衝洗子細驗之，即須於狀内聲説致命，豈可作無憑檢驗申上？

覆檢官驗訖，如無争論，方可給屍與親屬。無親屬者，責付本都埋瘗，勒令看守，不得火化及散落。如有争論，未可給屍，且掘一坑，就所簟物舁屍安頓坑内，上以門扇蓋，用土罨瘗作堆，周回用灰印印記，防備後來官司再檢覆，仍責看守狀附案。

八、驗屍

身上件數：正頭面、有無髻子。髪長、若干。頂心、顖門、髪際、額、兩眉、兩眼、或開或閉。如閉，擘開驗眼睛全與不全。鼻、兩鼻孔。口、或開或閉。齒、舌、如自縊，舌有無抵齒。胲、喉、胷、兩乳、婦人兩妳膀。心、腹、臍、小肚、玉莖、陰囊、次揣撚（二）兩腎子全與不全，婦人言産門，女人〔三〕言陰門。兩脚大腿、膝、兩脚臁肕、兩脚脛、兩脚面、十指爪。

翻身：腦後、乘枕、項、兩胛、背脊、腰、兩臀瓣、有無杖疤。穀道、後腿、兩曲䐁、兩腿肚、兩脚跟、兩脚板。

左側：左頂下、腦角、太陽穴、耳、面臉、頸、肩膊、肘、腕、臂、手、五指爪、全與不全，或拳或不拳。曲腋、脇肋、胯、外腿、外膝、外臁肕、脚踝。右側亦如之。四縫屍首須躬親看驗。頂心、顖門、兩額角、兩太陽、喉下、胷前、兩乳、兩脇肋、心、腹、腦後、乘枕、陰囊、穀道，並係要害致命之處。婦人看陰門、兩奶膀。

於内若一處有痕損在要害或非致命，即令仵作指定喝起。

衆約死人年幾歲，臨時須子細看顔貌供寫，或問血屬尤真。

凡檢屍，先令多燒蒼術、皂角，方詣屍前。檢畢，約三五步，令人將醋潑炭火上，行從上過，其穢氣自然去矣。

多備葱、椒、鹽、白梅，防其痕損不見處，藉以擁罨。仍帶一砂盆，並槌研上件物。

凡檢覆，須在專一，不可避臭惡。切不可令仵作、行人遮閉玉莖、産門之類，大有所誤。仍子細驗頭髮内、穀道、産門内，慮有鐵釘或他物在内。

檢出致命要害處，方可押兩争及知見親屬令見，切不可容令近前，恐損害體屍。

被傷處須子細量長闊、深淺、小大，定致死之由。仵作、行人受囑，多以芮一作茜。草投醋内，塗傷損處，痕皆不見。以甘草汁解之，則見。

人身本赤黑色，死後變動作青黚色，其痕未見。有可疑處，先將水灑濕，後將葱白拍碎令開，塗痕處，以醋蘸紙蓋上，候一時久除去，以水洗，其痕即見。

若屍上有數處青黑，將水滴放青黑處，是痕則硬，水住不流。不是痕處軟，滴水便流去。

驗屍并骨傷損處，痕跡未見，用糟醋潑罨屍首，於露天以新油絹或明油雨傘覆欲見處，迎日隔傘看，痕即見。若陰雨，以熟炭隔照，此良法也。或更隱而難見，以白梅搗爛，攤在欲見處，再擁罨看。猶未全見，再以白梅取肉，加葱、椒、鹽、糟一處研，拍作餅子，火上煨令極熱，烙損處，下先用紙襯之，即見其損。

昔有二人鬪毆，俄頃，一人仆地氣絶，見證分明。及驗出，屍乃無痕損。檢官甚撓。時方寒，忽思得計，遂令掘一坑，深二尺餘，依屍長短，以柴燒熱得所，置屍坑内，以衣物覆之。良久，覺屍温，出屍，以酒醋潑紙貼，則致命痕傷遂出。

擁罨檢訖，仵作、行人喝四縫屍首，謂屍仰卧，自頭喝：頂心、顖門全，額全，兩額角全，兩太陽全，兩眼、兩眉、兩耳、兩腮、兩肩並全，胷、心、臍、腹全，陰腎全，婦人云産門全，女人云陰門全。兩髀、腰、膝、兩臁肕、兩脚面、十指爪並全。

左手臂、肘、腕並指甲全，左肋並脇全，左腰、胯及左腿、脚並全。右亦如之。

翻轉屍：腦後、乘枕全，兩耳後、髮際連項全，兩背胛連脊全，兩腰眼、兩臀并穀道全，兩腿、兩後瞅、兩腿肚、兩脚跟、兩脚心並全。

九、婦人

凡驗婦人，不可差〔四〕避。

若是處女，劄四至訖，舁出先〔五〕明平穩處，先令坐婆剪去中指甲，用綿札。先勒死人母親及血屬並鄰婦二三人同看，驗是與不是處女。令坐婆以所剪甲指頭入陰門内，有黯血出是，無即非。

若婦人有胎孕，不明致死者，勒坐婆驗腹内委實有無胎孕。如有孕，心下至肚臍以手拍之，堅如鐵石。無，即軟。

若無身孕，又無痕損，勒坐婆定驗産門内，恐有他物。

有孕婦人被殺，或因産子不下身死，屍經埋地窖，至檢時却有死孩兒。推詳其故，蓋屍埋頓地窖，因地水火風吹，死人屍首脹滿，骨節縫開，故逐出腹内胎孕孩子。亦有臍帶之類，皆在屍脚下。產門有血水、惡物流出。

若富人家女使，先量死處四至了，便扛出大路上，檢驗有無痕損，令衆人見，以避嫌疑。

附：小兒屍並胞胎

有因争鬭因而殺子謀人者，將子手足捉定，用脚跟於喉下踏死。只令仵作、行人以手按其喉必塌，可驗真僞。

凡定當小兒骸骨，即云：「十二三歲小兒。」若駁問：「如何不定是男是女？」即解云：「某當初只指定十二三歲小兒，即不曾説是男是女，蓋律稱『兒』，不定作『兒』是男女也。」

墮胎者，准律：「未成形像杖一百，墮胎者徒三年。」律云「墮」，謂打而落，謂胎子落者。按五藏神論：「懷胎一月如白露，二月如桃花，三月男女分，四月形像具，五月筋骨成，六月毛髮生，七月動右手，是男於母左，八月動左手，是女於母右，九月三轉身，十月滿足。」

若驗得未成形像，只驗所墮胎作血肉一片或一塊。若經日壞爛，多化爲水。若所墮胎已成形像者，謂頭腦、口、眼、耳、鼻、手、脚、指甲等全者，亦有臍帶之類。令收生婆定驗月數，定成人形或未成形，責狀在案。

墮胎兒在母腹内被驚後死，胎下者，衣胞紫黑色，血蔭軟弱。生下腹外死者，其屍淡紅赤，無紫黑色及胞衣白。

十、四時變動

春三月，屍經兩三日，口、鼻、肚皮、兩脇、胷前肉色微青。經十日，則鼻、耳内有惡汁流出，胖匹縫切，脹臭也。脹。肥人如此，久患瘦劣人，半月後方有此證。

夏三月，屍經一兩日，先從面上、肚皮、兩脇、胷前肉色變動。經三日，口鼻内汁流，蛆出，遍身胖脹，口唇翻，皮膚脱爛，皰胗起。經四五日，髮落。

暑月罨屍，損處浮皮多白，不損處却青黑，不見的實痕。設若避臭穢，據見在檢過，往往誤事。稍或疑處，浮皮須令剥去。如有傷損，底下血蔭分明。更有暑月九竅内未有蛆蟲，却於太陽穴、髮際内、兩脇、腹内先有蛆出，必此處有損。

秋三月，屍經二三日，亦先從面上、肚皮、兩脇、胷前肉色變動。經四五日，口鼻内汁流，蛆出，遍身胖脹，口唇翻，皰胗起。經六七日，髮落。

冬三月，屍經四五日，身體肉色黄緊，微變。經半月以後，先從面上、口、鼻、兩脇、胷前變動。或安在濕地，用薦席裹角埋瘞，其屍卒難變動。更詳月頭月尾，按春秋節氣定之。

盛熱，屍首經一日即皮肉變動，作青黯色，有氣息。經三四日，皮肉漸壞，屍脹，蛆出，口鼻汁流，頭髮漸落。

盛寒，五日如盛熱一日時，半月如盛熱三四日時。春秋氣候和平，兩三日可比夏一日，八九日可比夏三四日。然人有肥瘦老少，肥少者易壞，瘦老者難壞。又南北氣候不同，山内寒暄不常，更在臨時通變審察。

十一、洗罨

宜多備糟、醋。襯屍紙惟有藤連紙、白抄紙可用。若竹紙，見鹽、醋多爛，恐侵損屍體。

掙屍於平穩光明地上，先乾檢一遍，用水衝洗。次挼皂角洗滌屍垢膩，又以水衝蕩潔净。洗時下用門扇、簟席襯，不惹塵土。洗了，如法用糟、醋擁罨屍首。仍以死人衣物盡蓋，用煮醋淋，又以薦席罨一時久，候屍體透軟，即去蓋物，以水衝去糟、醋，方驗。不得信行人說，只將酒、醋潑過，痕損不出。

初春與冬月，宜熱煮醋及炒糟令熱。仲春與殘秋，宜微熱。夏秋之内，糟、醋微熱。以天氣炎熱，恐傷皮肉。秋將深，則用熱，屍左右手、肋相去三四尺，加火熁，以氣候差凉。冬雪寒凜，屍首僵凍，糟、醋雖極熱，被衣重疊擁罨，亦不得屍體透軟。當掘坑，長闊於屍，深三尺，取炭及木柴遍鋪坑内，以火燒令通紅，多以醋沃之，氣勃勃然，方連擁罨法物、襯簟掙屍置於坑内，仍用衣被覆蓋，再用熱醋淋遍。坑兩邊相去二三尺，復以火烘。約透，去火，移屍出驗。冬殘春初，不必掘坑，只用火烘兩邊。看節候詳度。

湖南風俗，檢死人皆於屍旁開一深坑，用火燒紅，去火入屍在坑内，潑上糟、醋，又四面用火逼，良久，扛出屍。或行兇人争痕損，或死人骨屬相争不肯認，至於有三四次扛入火坑重檢者。人屍至三四次經火，肉色皆焦赤，痕損愈不分明，行吏因此爲姦。未至一兩月間，肉皆潰爛。及其家有論訴，差到聚檢官時，已是數月，止有骨殖，肉上痕損並不得而知。火坑法獨湖南如此，守官者宜知之。

十二、驗未埋瘞屍

未埋屍首，或在屋内地上，或床上，或屋前後露天地上，或在山嶺、溪澗、草木上，並先打量頓屍所在四至高低，所離某處若干。在溪澗之内，上去山脚或岸幾許，係何人地上，地名甚處。若屋内，係在何處，及上下有無物色蓋簟。訖，方可捹屍出驗。先剥脱在身衣服或婦人首飾，自頭上至鞋襪，逐一抄劄。或是隨身行李，亦具名件。訖，且以温水洗屍一遍了，驗。未要便用酒醋。

剥爛衣服，洗了，先看其屍有無軍號，或額角、面臉上所刺大小字體，計幾行或幾字，是何軍人。若係配隸人，所配隸何州軍。字亦須計行數。如經刺環，或方或圓，或在手背、項上，亦計幾個。内是刺字或環子。曾艾灸或用藥取，痕跡黯淒及成疤瘢，可取竹削一篦子，於灸處撻之可見。辨驗色目人訖，即看死人身上甚處有彫青、有灸瘢，係新舊瘡疤，有無膿血，計共幾個。及新舊官杖瘡疤，或背或臀。並新舊荆杖子痕，或腿或脚底。甚處有舊瘡癤瘢，甚處是見患，須量見分寸，及何處有黯記之類，盡行聲説。如無，亦開寫。打量屍首，身長若干，髮長若干，年顔若干。

十三、驗墳内及屋下殯殰屍

先驗墳係何人地上，地名甚處。土堆一個，量高及長闊，並各計若干尺寸。及屍見殰殯在何人屋下，亦如前量之。

次看屍頭脚所向，謂如東頭脚西之類。頭離某處若干，脚離某處若干。左右亦如之。對衆爬開浮土，或取去殰磚，看其屍用何物盛簟。謂棺木有無漆飾，席有無沿椽及蔢蕈之類。舁出開拆，取屍於光明處地上驗之。

十四、驗壞爛屍

若避臭穢，不親臨，往往誤事。

屍首變動，臭不可近，常燒蒼術、皂角辟之。用麻油塗鼻，或作紙擄子搵油塞兩鼻孔，仍以生薑小塊置口内。遇檢，切用猛閉口，恐穢氣衝入。量劄四至訖，用水衝去蛆蟲、穢汚，皮肉乾净，方可驗。未須用糟、醋，頻令新汲水澆屍首四面。屍首壞爛，被打或刃傷處痕損皮肉作赤色，深重作青黑色，貼骨不壞，蟲不能食。

十五、無憑檢驗

凡檢驗無憑之屍，宜說：頭髪褪落，曲鬢、頭面、遍身皮肉並皆一槩青黑，撻皮壞爛，及被蛆蟲咂破，骨殖顯露去處。如皮肉消化，宜說：骸骨顯露，上下皮肉並皆一槩消化，只有些小消化不及，筋肉與骨殖相連。今來委是無憑檢覆，本人生前沿身上下有無傷損它故，及定奪年顏、形狀、致死因依不得。兼用手揣捏得沿身上下，並無骨損去處。

十六、白僵死瘁死

先鋪炭火，約與死人長闊，上鋪薄布，可與炭等，以水噴微濕，卧屍於上。仍以布覆蓋頭面、肢體訖，再用炭火鋪擁令遍，再以布覆之，復用水遍灑。一時久，其屍皮肉必軟起，乃揭所鋪布與灰看。若皮肉軟起，方可以熱醋洗之。於驗損處，以葱、椒、鹽同白梅和糟研爛，拍作餅子，火内煨令熱，先於屍上用紙搭了，次以糟餅罨之，其痕損必見。

宋提刑洗冤集録卷之二

校勘記

〔一〕「勞」，孫星衍重刊本作「撈」。

〔二〕「次揣撚」，孫星衍重刊本作「次後撚」。

〔三〕「女人」，孫星衍重刊本作「女子」。

〔四〕「差」，孫星衍重刊本作「羞」。

〔五〕「先」，孫星衍重刊本作「光」。

宋提刑洗冤集録卷之三

十七、驗骨

人有三百六十五節，按一年三百六十五日。

男子骨白，婦人骨黑。婦人生前出血如河水，故骨黑。如被毒藥，骨黑。須子細詳定。

髑髏骨，男子自頂及耳并腦後共八片，蔡州人有九片。腦後横一縫，當正直下至髮際别有一直縫。婦人只六片，腦後横一縫，當正直下無縫。

牙有二十四，或二十八，或三十二，或三十六。

胷前骨三條。

心骨一片，嫩，如錢大。

項與脊骨各十二節。

自項至腰共二十四髓骨，上有一大髓骨。

肩井及左右飯匙骨各一片。

左右肋骨，男子各十二條，八條長，四條短。婦人各十四條。

男女腰間各有一骨，大如手掌，有八孔，作四行。樣。

手、脚骨各二段，男子左、右手腕及左、右臁肕骨邊，皆有捭骨。婦人無。兩脚膝頭各木〔一〕頟骨隱在其間，如大指大。手掌、脚板各五縫，手、脚大拇指并脚第五指各二節，餘十四指並三節。

尾蛆骨，若猪腰子，仰在骨節下。

男子者，其綴脊處凹，兩邊皆有尖瓣，如稜角，周布九竅。

婦人者，其綴脊處平直，周布六竅。

大、小便處各一竅。

骸骨各用麻草小索或細篾串訖，各以紙簽標號某骨，檢驗時不至差誤。

十八、論沿身骨脉及要害去處

夫人兩手指甲相連者小節，小節之後中節，中節之後者本節，本節之後肢骨之前生掌骨，掌骨上生掌肉，掌肉後可屈曲者腕，腕左起高骨者手外踝，右起高骨者右手踝，二踝相連生者臂骨，輔臂骨者髀骨，三骨相繼者肘骨，前可屈曲者曲肘，曲肘上生者臑骨，臑骨上生者肩髃，肩髃之前者横髃骨，横髃骨之前者髀骨，髀骨之中陷者缺盆，缺盆之上者頸，頸之前者顙喉，顙喉之上者結喉，結喉之上者胲，胲兩傍者曲頷，曲頷兩傍者頤，頤兩傍者頰車，頰車上者耳，耳上者曲鬢，曲鬢上行者頂，頂前者顖門，顖門之下者髮際，髮際正下者額，額下者眉，眉際之末者太陽穴，太陽穴前者目，目兩旁者兩小眥，兩小眥上者上瞼，下者下瞼，正位能瞻視者目瞳子，瞳近鼻者兩大眥，近兩大眥者鼻山根，鼻山根上印堂，印堂上者腦角，腦角下者承枕骨。脊骨下横生者髖骨，髖骨兩傍者釵骨，釵骨下中者腰門骨。釵骨上連生者腿骨，腿骨下可屈曲者曲䐬，曲䐬上生者膝蓋骨，膝蓋骨下生者脛骨，脛骨傍生者骱骨，骱骨下左起高大者兩足外踝，右起高大者兩足右踝。脛骨前垂者兩足跂骨，跂骨前者足本節，本節前者小節，小節相連者足指甲，指甲後生者足前趺，趺後凹陷者足心，下生者足掌骨，掌骨後生者踵肉，踵肉後者脚跟也。

檢滴骨親法：謂如某甲是父或母，有骸骨在，某乙來認親生男或女，何以驗之？試令某乙就身刺一兩點血，滴骸骨上，是的親生則血沁入骨内，否則不入。俗云「滴骨親」，蓋謂此也。

檢骨須是晴明。先以水浄洗骨，用麻穿定形骸次第，以簟子盛定。却鋤開地窖一穴，長五尺，闊三尺，深二尺。多以柴炭燒煆，以地紅爲度，除去火，却以好酒二升、酸醋五升潑地窖内，乘熱氣扛骨入穴内，以藁薦遮定，烝骨一兩時。候地冷，取去薦，扛出骨殖，向平明處，將紅油傘遮屍骨驗。若骨上有被打處，即有紅色路微廕，骨斷處其接續兩頭各有〔二〕血暈色。再以有痕骨照日看，紅活，乃是生前被打分明。骨上若無血廕，蹤有損折，乃死後痕。切不可以酒醋煮骨，恐有不便處。此項須是晴明方可，陰雨則難見也。如陰雨，不得已則用煮法。以瓮一口，如鍋煮物，以炭火煮醋，多入鹽、白梅同骨煎。須着親臨監視，候千百滾取出，水洗，向日照，其痕即見。血皆浸骨損處赤色、青黑色。仍子細驗有無破裂。

煮骨不得見錫，用則骨多黯。若有人作弊，將藥物置鍋内，其骨有傷處反白不見。

解法見驗屍門。

若骨或經三兩次洗罨，其色白與無損同，何以辨之？當將合驗損處骨以油灌之，其骨大者有縫，小者有竅，候油溢出則揩令乾，向明照損處，油到即停住不行，明亮處則無損。

一法，濃磨好墨塗骨上，候乾，即洗去墨。若有損處，則墨必浸入。不損，則墨不浸。

又法，用新綿於骨上拂拭，遇損處，必牽惹綿絲起。折者，其色在骨斷處兩頭。又看折處，其骨芒刺向裏或外。毆打折者，芒刺在裏，在外者非。

髑髏骨有他故處骨青，骨折處帶瘀血。子細看骨上有青暈或紫黑暈。長是他物，圓是拳，大是頭撞，小是脚尖。四縫骸骨內一處有損折，係致命所在，或非要害，即令仵作、行人指定喝起。

擁罨檢訖，仵作、行人喝四縫骸骨，謂屍仰卧，自髑髏喝，頂心至顖門骨、鼻梁骨、胲頷骨并口骨並全，兩眼眶、兩額角、兩太陽、兩耳、兩腮頰骨並全，兩肩井、兩臆骨全，胷前龜子骨，心坎骨全。

左臂、腕、手及髀骨全，左肋骨全，左胯、左腿、左臁肕，並髀骨及左脚踝骨、脚掌骨並全。右亦如之。

翻轉喝腦後乘枕骨、脊下至尾蛆骨並全。

凡驗元被傷殺死人，經日，屍首壞，蛆蟲咂食，只存骸骨者，元被傷痕，血粘骨上，有乾黑血爲證。若無傷骨損，其骨上有破損如頭髮，露痕又如瓦器龜裂，沉淹損路爲驗。

毆死者，死傷處不至骨損，則肉緊貼在骨上，用水衝激亦不去，指甲蹙之方脱，肉貼處其痕損即可見。

驗骨訖，自髑髏、肩并臆骨，并臂、腕、手骨，及胯骨、腰腿骨、臁肕、膝蓋并髀骨，並標號左右。其肋骨共二十四莖，左右各十二莖。分左右，係左第一、左第二、右第一、右第二之類。莖莖依資次題訖。内脊骨二十四節，亦自上題一、二、三、四，連尾蛆骨處號之。并胷前龜子骨、心坎骨亦號之，庶易於檢湊。兩肩、兩胯、兩腕皆有蓋骨，尋常不係在骨之數，經打傷損，方入衆骨係數，不若拘收在數爲良也。先用紙數重包定，次用油單紙三四重裹了，用索子交眼扎繫作三四處，封頭印押訖，用桶一隻盛之，上以板蓋，掘坑埋瘞，作堆標記，仍用灰印。

行在有一種毒草，名曰賤草。煎作膏子售人，若以染骨，其色必變黑黯，粗可亂真。然被打若在生前，打處自有暈痕。如無暈而骨不損，即不可指以爲痕，切須子細辨别真僞。

十九、自縊

自縊身死者，兩眼合，唇口黑，皮開露齒。若勒喉上，即口閉，牙關緊，舌抵齒不出。又云齒微咬舌。若勒喉下，則口開，舌尖出齒門二分至三分，面帶紫赤色，口吻、兩甲及胷前有吐涎沫。兩手須握大拇指，兩脚尖直垂下。腿上有血廕，如火灸班痕，及肚下至小腹並墜下青黑色。大小便自出，大腸頭或有一兩點血。喉下痕紫赤色或黑淤色，直至左右耳後髮際，横長九寸以上至一尺以來。一云丈夫合一尺一寸，婦人合一尺。脚虚則喉下勒深，實則淺。人肥則勒深，瘦則淺。用細緊麻繩、草索在高處自縊，懸頭頓身致死，則痕跡深。若用全幅勒帛及白練、項帕等物，又在低處，則痕跡淺。低處自縊，身多卧於下，或側，或覆。側卧，其痕斜起横喉下。覆卧，其痕正起在喉下，起於耳邊，多不至腦後髮際下。

自縊處須高八尺以上，兩脚懸虚，所踏物須倍高。如懸虚處或在床、椅、火爐、船倉內，但高二三尺以來，亦可自縊而死。

若經泥雨，須看死人赤脚或着鞋，其踏上處有無印下脚跡。

自縊，有活套頭、死套頭、單繫十字、纏繞繫。須看死人踏甚物入頭在繩套内，須垂得繩套寬入頭方是。活套頭，脚到地并膝跪地亦可死。死套頭，脚到地并膝跪地亦可死。

單繫十字，懸空方可死，脚尖稍到地亦不死。

單繫十字，是死人先自用繩帶自繫項上後，自以手繫高處。須是先看上頭繫處塵土，及死人踏甚處物，自以手攀繫得上向繩頭着方是。上面繫繩頭處，或高或大，手不能攀，及不能上，則是別人吊起。更看所繫處物伸縮，須是頭墜下，去上頭繫處一尺以上方是。若是頭緊低〔三〕上頭，定是別人吊起。

纏繞繫，是死人先將繩帶纏繞項上兩遭，自踏高繫在上面，垂身致死。或是先繫繩帶在梁棟或樹枝上，雙襀垂下，踏高入頭在襀内，更纏過一兩遭。其痕成兩路。上一路纏過耳後，斜入髮際。下一路平繞項行。吏畏避駁雜，必告檢官，乞只申一痕，切不可信。若除了上一痕，不成自縊。若除下一痕，正是致命要害去處。或覆檢官不肯相同書填格目，血屬有詞，再差官覆檢出，爲之柰何?須是據實，不可只作一條痕檢。其相疊與分開處，作兩截量，盡取頭了，更重將所繫處繩帶纏過，比並闊狹並同，任從覆檢，可無後患。

凡因患在床，仰卧將繩帶等物自縊者，則其屍兩眼合，兩唇皮開，露齒咬舌，出一分至二分，肉色黄，形體瘦，兩手拳握，臀後有糞出，左右手内多是把自縊物色至繫緊，死後只在手内。須量兩〔四〕手拳相去幾寸以來，喉下痕跡紫赤，周圍長一尺餘，結締在喉下，前面分數較深。曾被救解，則其屍肚脹，多口不咬舌，臀後無糞。

若真自縊，開掘所縊脚下穴三尺以來，究得火炭，方是。

或在屋下自縊，先看所縊處楣梁、枋桁之類，塵土衮乱至多，方是。如只有一路無塵，不是自縊。

先以杖子於所繫繩索上輕輕敲，如緊直，乃是。或寬慢，即是移屍。大凡移屍別處吊掛，舊痕挪動，便有兩痕。

凡驗自縊之屍，先要見得在甚地分、甚街巷、甚人家、何人見，本人自用甚物，於甚處搭過。或作十字死禶繫定，或於項下作活禶套。却驗所着衣新舊，打量身四至，東、西、南、北至甚物，面覷甚處，背向甚處，其死人用甚物踏上。上量頭懸去所吊處相去若干尺寸，下量脚下至地相去若干尺寸。或所縊處雖低，亦看頭上懸掛索處，下至所離處，並量相去若干尺寸。對衆解下，扛屍於露明處，方解脱自縊套繩，通量長若干尺寸，量圍喉下套頭繩圍長若干。項下交圍，量到耳後髮際起處，闊狹、横斜、長短，然後依法檢驗。

凡驗自縊人，先問元申人其身死人是何色目人，見時早晚，曾與不曾解下救應，申官時早晚。如有人識認，即問自縊人年若干，作何經紀，家内有甚人，却因何在此間自縊。若是奴僕，先問雇主討契辨驗，仍看契上有無親戚，年多少。更看元吊掛縱跡去處。如曾解下救應，即問解下時有氣脉無氣脉，解下約多少時死，切須子細。

大凡檢驗，未可便作自縊致命，未辨子細。凡有此，只可作其人生前用繩索繫咽喉下或上要害，致命身死，以防死人别有枉横。且如有人睡着，被人將索勒死，吊起所在，其檢官如何見得是自縊致死？宜子細也。

多有人家女使、人力或外人於家中自縊，其人不曉法，避見臭穢及避檢驗，遂移屍出外吊掛，舊痕移動，致有兩痕。舊痕紫赤，有血廕。移動痕只白色，無血廕。移屍事理甚分明，要公行根究，開坐生前與死後痕。蓋移屍不過杖罪，若漏落不具，覆檢官不相照應，申作兩痕，官司必反見疑，益重干連人之禍。

屍首日久壞爛，頭吊在上，屍側在地，肉潰見骨，但驗所吊頭。其繩若入槽，謂兩耳連頷下深向骨本者。及驗兩手腕骨、頭腦骨，皆赤色者是。一云齒赤色及十指尖骨赤色者是。

二十、被打勒死假作自縊

自縊，被人勒殺或筭殺假作自縊，甚易辨。真自縊者，用繩索帛之類，繫縛處交至左右耳後，深紫色，眼合脣開，手握齒露。縊在喉上則舌抵齒，喉下則舌多出。胷前有涎滴沫，臀後有糞出。若被人打勒殺假作自縊，則口眼開，手散髮慢，喉下血脉不行，痕跡淺淡，舌不出，亦不抵齒，項上肉有指爪痕，身上別有致命傷損去處。

惟有生勒，未死間即時吊起，詐作自縊，此稍難辨。如跡狀可疑，莫若檢作勒殺，立限捉賊也。

凡被人隔物或窻櫺或林木之類勒死，僞作自縊，則繩不交。喉下痕多平過，却極深，黑黯色，亦不起於耳後髮〔五〕。

絞勒喉下死者，結縮在死人項後，兩手不垂下，縱垂下亦不直。項後結交，却有背倚柱等處或把衫襟揭着。即喉下有衣衫領黑跡，是要害處，氣悶身死。

凡檢被勒併死人，將項下勒繩索，或是諸般帶繫，臨時子細聲説，纏繞過遭數，多是於項後當正或偏左右繫定，須有繫不盡垂頭處。其屍合面地卧，爲被勒時争命，須是揉撲得頭髮或角子散慢，或沿身上有搕擦着痕。

凡被勒身死人，須看覰屍身四畔，有扎磨縱跡去處。

又有死後被人用繩索繫扎手脚及項下等處，其人已死，氣血不行，雖被繫縛，其痕不紫赤，有白痕可驗。死後繫縛者，無血廕，繫縛痕雖深入皮，即無青紫赤色，但只是白痕。

有用火篦烙成痕，但紅色或焦赤，帶濕不乾。

二十一、溺死

若生前溺水屍首，男仆卧，女仰卧。頭面仰，兩手、兩脚俱向前，口含〔六〕，眼開閉不定，兩手拳握，腹肚脹，拍着響。落水則手開，眼微開，肚皮微脹。投水則手握，眼合，腹内急脹。兩脚底皺白不脹，頭髻緊，頭與髮際、手脚爪縫或脚着鞋則鞋内各有沙泥，口鼻内有水沫及有些小淡色血污，或有搕擦損處。此是生前溺水之驗也。蓋其人未死，必須争命，氣脉往來，搐水入腸，故兩手自然拳曲，脚罅縫各有沙泥，口鼻有水沫流出，腹内有水脹也。

若檢覆遲，即屍首經風日吹曬，遍身上皮起，或生白皰。

若身上無痕，面色赤，此是被人倒提水揾死。

若屍面色微赤，口鼻内有泥水沫，肚内有水，腹肚微脹，真是渰水身死。

若因病患溺死，則不計水之深淺可以致死，身上別無它故。

若疾病身死，被人抛掉在水内，即口鼻無水沫，肚内無水，不脹，面色微黄，肌肉微瘦。

若因患倒落泥渠内身死者，其屍口眼開，兩手微握。身上衣裳并口、鼻、耳、髮際並有青泥汚者，須脱下衣裳，用水淋洗，酒噴其屍。被泥水淹浸處，即肉色微白，肚皮微脹，指甲有泥。

若被人毆打殺死，推在水内，入深則脹，淺則不甚脹。其屍肉色帶黄不白，口眼開，兩手散，頭髮寬慢，肚皮不脹，口、眼、耳、鼻無水瀝流出，指爪罅縫並無沙泥，兩手不拳縮，兩脚底不皺白却虚脹。身上有要害致命傷損處，其痕黑色，屍有微瘦。臨時看驗，若檢得身上有損傷處，録其痕跡。雖是投水，亦合押合干人赴官司推究。

諸自投井、被人推入井、自失脚落井，屍首大同小異，皆頭目有被磚石磕擦痕，指甲毛髮有沙泥，腹脹，側覆卧之，則口内水出。别無它故，只作落井身死，即投井、推入在其間矣。所謂落井小異者，推入與自落井則手開，眼微開，腰身間或有錢物之類。

自投井則眼合手握，身間無物。

大凡有故入井，須脚直下。若頭在下，恐被人趕逼，或它人推送入井。若是失脚，須看失脚處土痕。

自投河、被人推入河，若水稍深闊，則無磕擦、沙泥等事。若水淺狹，亦與投井、落井無異。大抵水深三四尺，皆能渰殺人。驗之果無它故，只作落水身死，則自投、推入在其間矣。若身有繩索及微有痕損可疑，則宜檢作被人謀害，置水身死。不過立限捉賊，切勿邮一捕限，而貽罔側〔七〕之憂。

諸溺河池，行運者謂之河，不行運者謂之池。檢驗之時，先問元申人早晚見屍在水內，見時便只在今處或自漂流而來。若是漂流而來，即問是東西南北，又如何流到此便住，如何申官。如稱見其人落水，即問當時曾與不曾救應。若曾救應，其人未出水時已死，或救應上岸才死。或即申官，或經幾時申官。

若在江河、陂潭、池塘間，難以打量四至，只看屍所浮在何處。如未浮打撈方出，聲說在何處打撈見屍。池塘或坎穽有水處可以致命者，須量見淺深丈尺，坎穽則量四至。江河、陂潭屍起浮或見處地岸，并池塘、坎穽係何人所管，地名何處。

諸溺井之人，檢驗之時，亦先問元申人如何知得井內有人，初見有人時其人死未。

既知未死，因何不與救應。其屍未浮，如何知得井内有人，若是屋下之井，即問身死人自從早晚不見，却如何知在井内。凡井内有人，其井面自然先有水沫，以此爲驗。

量井之四至，係何人地上，其地名甚處。若溺屍在底，則不必量，但約深若干丈尺，方攎屍出。

屍在井内，滿脹則浮出尺餘，水淺則不出。若出，看頭或脚在上、在下，先量尺寸。不出，亦以丈竿量到屍近邊尺寸，亦看頭或脚在上、在下。

檢溺死之屍，水浸多日，屍首胮脹，難以顯見致死之因，宜申説：頭髮脱落，頭目胮脹，唇口番張，頭面連遍身上下皮血，並皆一槩青黑、褪皮。驗是本人在井或河内死後水浸，經隔日數致有此。今來無憑檢驗本人沿身有無傷損它故，又定奪年顔、形狀不得，只檢得本人口鼻内有沫，腹脹。驗得前件屍首委是某處水溺身死，其水浸更多日，無憑檢驗，即不用申説致命因依。

初春雪寒，經數日方浮，與春、夏、秋末不侔。

凡溺死之人，若是人家奴婢或妻女，未落水先已曾被打，在身有傷，今次又的然見得是自落水或投井身死，於格目内亦須分明具出傷痕，定作被打復溺水身死。

投井死人，如不曾與人交争，驗屍時面目頭額有利刃痕，又依舊帶血，似生前痕，此須看井内有破瓷器之屬，以致傷着。人初入井時，氣尚未絶，其痕依舊帶血，若驗作生前刃傷，豈不利害。

宋提刑洗冤集録卷之三

校勘記

〔一〕「木」，孫星衍重刊本作「有」。

〔二〕「育」，孫星衍重刊本作「有」。

〔三〕「低」，孫星衍重刊本作「抵」。

〔四〕「兩」下，空六字，应係削去所刻誤字造成。

〔五〕「髮」下，孫星衍重刊本有「際」字。

〔六〕「含」，孫星衍重刊本作「合」字。

〔七〕「側」，孫星衍重刊本作「測」。

宋提刑洗冤集録卷之四

二十二、驗他物及手足傷死

律云：見血爲傷。非手足者，其餘皆爲他物。即兵不用刃，亦是。

傷損條限：手足十日，他物二十日。

鬬訟勑：諸𣪠人者，依他物法。

元符勑申明刑統：以鞾鞋踢人傷，從官司驗定，堅硬即從他物，若不堅硬，即難作他物例。

或額、肘、膝拶，頭撞致死，並作他物痕傷。

諸「他物」是鐵鞭、尺、斧頭、刃背、木桿棒、馬鞭、木柴、磚、石、瓦、麄布鞋、衲底鞋、皮鞋、草鞋之類。

若被打死者，其屍口眼開，髮髻亂，衣服不齊整，兩手不拳，或有溺汚内衣。

若在辜限外死，須驗傷處是與不是在頭，及因破傷風灌注致命身死。

應驗他物及手足毆傷痕損，須在頭面上、胷前、兩乳、脇肋傍、臍腹間、大小便二處，方可作要害致命去處。手足折損亦可死，其痕周匝有血廕，方是生前打損。

諸用他物及頭額、拳手、脚足堅硬之物撞打，痕損顏色其至重者紫黯微腫，次重者紫赤微腫，又其次紫赤色，又其次青色。其出限外痕損者，其色微青。

凡他物打着，其痕即斜長或横長。如拳手打着，即方圓。如脚足踢，比如拳寸分寸較大。凡傷痕大小定作掌足他物，當以上件物比定，方可言分寸。凡打着兩日身死，分寸稍大，毒氣蓄積向裏，可約得一兩日後身死。若是打着當下身死，則分寸深重，毒氣紫黑，即時向裏，可以當下身死。

諸以身去就物謂之「磕」。雖着無破處，其痕方圓。雖破，亦不至深。其被他物及手足傷，皮雖傷而血不出者，其傷痕處有紫赤暈。

凡行兇人若用棒杖等行打，則多先在實處。其被傷人或經一兩時辰，或一兩日，或三五日，以至七八日、十餘日身死。又有用堅硬他物行打，便致身死者，更看痕跡輕重。若是先驅捽被傷人頭髻，然後散拳踢打，則多在虛怯要害處，或一拳一脚便致命。

若因脚踢着要害處致命，切要子細驗認行兇人脚上有無鞋履，防日後問難。

凡他物傷，若在頭腦者，其皮不破，即須骨肉損也。若在其他虚處，即臨時看驗。若是屍首左邊損，即是兇身行右物致打，順故也。若是右邊損，即損處在近後。若在右前，即非也。若在後，即又慮兇身自後行他物致打。貴在審之無失。

看其痕大小，量見分寸，又看幾處皆可致命，只指一重害處，定作虚法〔一〕要害致命身死。

打傷處皮膜相離，以手按之即響，以熱醋罨，罨則右〔二〕痕。

凡被打傷殺死人，須定最是要害處致命身死。若打折脚手，限内或限外死時，要詳打傷分寸闊狹後，定是將養不較，致命身死。面顔歲數，臨時聲説。

凡驗他物及拳、踢痕，細認斜長方圓，皮有微損。未洗屍前，用水灑濕，先將葱白擣爛塗，後以醋糟，候一時除，以水洗，痕即出。

若將櫸木皮罨成痕，假作他物痕，其痕内爛損黑色，四圍青色，聚減一片，而無虚腫，捺不堅硬。

又有假作打死，將青竹篦火燒烙之，却只有焦黑痕，又淺而光平。更不堅硬。

二十三、自刑

凡自割喉下死者，其屍口眼合，兩手拳握，臂曲而縮，死人用手把定刃物，似作力勢，其手自然拳握。肉色黃，頭髻緊。

若用小刀子自割，只可長一寸五分至二寸。用食刀，即長三寸至四寸以來。若用磁器，分數不大。逐件器刃自割，並下刃一頭尖小，但傷着氣喉即死。

若將刃物自斡着喉下、心前、腹上、兩脇肋、太陽、頂門要害處，但傷着膜，分數雖小即便死。如割斡不深及不係要害，雖三兩處，未得致死。若用左手，刃必起自右耳後，過喉一二寸。用右手，必起自左耳後。傷在喉骨上難死，蓋喉骨堅也。在喉骨下易死，蓋喉骨下虛而易斷也。

其痕起手重，收手輕。假如用左手把刃而傷，則喉右邊下手處深，左邊收刃處淺，其中間不如右邊。蓋下刃大重，漸漸負痛縮手，因而輕淺，及左手須似握物是也。右手亦然。

凡自割喉下，只是一出刀痕，若當下身死時，痕深一寸七分，食系、氣系並斷。如傷一日以下身死，深一寸五分，食系斷，氣系微破。如傷三五日以後身死者，深一寸三分，食系斷，須頭髻角子散慢。

更看其人面愁而眉皺，即是自割之狀。此亦難必。

若自用刀剁下手并指節者，其皮頭皆齊，必用藥物封扎。雖是刃物自傷，必不能當下身死，必是將養不較致死。其痕肉皮頭捲向裏。如死後傷者，即皮不捲向裏。以此爲驗。

又有人因自用口齒咬下手指者，齒內有風着於痕口，多致身死，少有生者。其咬破處瘡口一道，周廻骨折，必有膿水淹浸，皮肉損爛。因此，將養不較，致命身死。其痕有口齒跡及有皮血不齊去處。

驗自刑人，即先問元申人其身死人是何色目人，自刑時或早或晚，用何刃物。若有人來識認，即問身死人年若干，在生之日使左手使右手。如是奴婢，即先討契書看，更問有無親戚，及已死人使左手使右手，並須子細看驗痕跡去處。

更須看驗，在生前刃傷，即有血行。死後即無血行。

二十四、殺傷

凡被人殺傷死者，其屍口眼開，頭髻寬或亂，兩手微握，所被傷處要害分數較大，皮肉多捲凸。若透膜，腸臟必出。

其被傷人見行兇人用刃物來傷之時，必須爭競，用手來遮截，手上必有傷損。或有來護者，亦必背上有傷着處。若行兇人於虚怯要害處一刃直致命者，死人手上無傷，其瘡必重。若行兇人用刃物斫着腦上、頂門、腦角後、髮際，必須斫斷頭髮，如用刀剪者。若頭頂骨折，即是尖物刺着，須用手捏着其骨損與不損。

若夫[三]刃斧痕，上闊長，内必狹。大刀痕，淺必狹，深必闊。刀傷處，其痕兩頭尖小，無起手、收手輕重。鎗刺痕，淺則狹，深必透。簳，其痕帶圓。或只用竹鎗、尖竹擔幹[四]着要害處，瘡口多不齊整，其痕方圓不等。

凡驗被快利物傷死者，須看元着衣衫有無破傷處，隱對痕血點可驗。又如刀剔傷腸肚出者，其被傷處，須有刀刃撩劃三兩痕。且一刀所傷，如何却有三兩痕？蓋凡人腸臟盤在左右脇下，是以撩劃着三兩痕。

凡檢刀鎗刃斫剔，須開説屍在甚處向當，着甚衣服，上有無血跡，傷處長、闊、深分寸，透肉不透肉。或腸肚出，膂膜出，作致命處。仍檢刃傷衣服穿孔。如被竹鎗尖物剔傷致命，便説：尖硬物剔傷致死。

凡驗殺傷，先看是與不是刀刃等物，及生前死後痕傷。如生前破〔五〕刃傷，其痕肉闊，花文交出。若肉痕齊截，只是死後假作刃傷痕。

如生前刃傷，即有血汁，及所傷痕瘡口皮肉血多花鮮色，所損透膜即死。若死後用刀刃割傷處，肉色即乾白，更無血花也。蓋人死後血脉不行，是以肉色白也。

此條仍責取行人定驗，是與不是生前、死後傷痕。

活人被刃殺傷死者，其被刃處皮肉緊縮，有血瘢四畔。若被支解者，筋骨皮肉稠黏，受刃處皮肉骨露。

死人被割截，屍首皮血如舊，血不灌瘢，被割處皮不緊縮，刃盡處無血流，其色白。縱痕下有血，洗檢擠捺，肉内無清血出，即非生前被刃。

更有截下頭者，活時斬下，筋縮入；死後截下，項長，並不伸縮。

凡檢驗被殺身死屍首，如是尖刃物，方説「被刺要害」。若是齊頭刃物，即不説「刺」字。如被傷着肚上、兩肋下或臍下，説長闊分寸後，便説「斜深透内脂膜，肚腸出，有血汚，驗是要害被傷割處，致命身死」。若是傷着心前肋上，只説「斜深透内，有血汚，驗是要害致命身死」。如傷着喉下，説「深至項，鎖骨損，兼周廻所割得有方圓不齊去處，食系、氣系並斷」。有血汚，致命身死，可説要害處。如傷着頭面上或太陽穴、腦角後、髪際内，如行兇人刃物大，方説「骨損」。若腦漿出時，有血汚，亦定作要害處致命身死。如斫或刺着沿身，不拘那裏，若經隔數日後身死，便説「將養不較，致命身死」。

凡驗被殺傷人，未到驗所，先問元申人曾與不曾收捉得行兇人，是何色目人，使是何刃物，曾與不曾收得。刃物如收得，取索看大小，着紙畫樣。如不曾收得，則問刃物在甚處，亦令元申人畫刃物樣。畫訖，令元申人於樣下書押字。更問元申人其行兇人與被傷人是與不是親戚，有無冤讎。

二十五、屍首異處

凡驗屍首異處，勒家屬先辨認屍首。務要子細打量屍首頓處四至。訖，次量首級離屍遠近，或左或右，或去肩脚若干尺寸。支解手臂、脚腿，各量别計，仍各寫相去若項下皮肉捲凸，兩肩井聳皺，係生前斫落。皮肉不捲凸，兩肩井不聳皺，係死後斫落。

屍遠近。却隨其所解肢體與屍相湊，提揍〔六〕首與項相湊，圍量分寸，一般係刃物斫落。

二十六、火死

凡生前被火燒死者，其屍口鼻内有煙灰，兩手脚皆拳縮。緣其人未死前被火逼奔争，口開氣脉往來，故呼吸煙灰入口鼻内。若死後燒者，其人雖手足拳縮，口内即無煙灰。若不燒着兩肘骨及膝骨，手脚亦不拳縮。

若因老病失火燒死，其屍肉色焦黑或捲，兩手拳曲，臂曲在胷前，兩膝亦曲，口眼開，或咬齒及唇，或有脂膏黄色突出皮肉。

若被人勒死抛掉在火内，頭髪焦黄，頭面、渾身燒得焦黑，皮肉搐皺，並無揞漿皻皮去處，項下有被勒着處痕跡。

又若被刃殺死，却作火燒死者，勒仵作拾起白骨，扇去地上灰塵，於屍首下净地上，用釅米醋、酒潑。若是殺死，即有血入地，鮮紅色。須先問屍首生前宿卧所在，却恐殺死後移屍往他處，即難驗屍下血色。

大凡人屋，或瓦或茅蓋，若被火燒，其死屍在茅、瓦之下。或因與人有讎，乘勢推入燒死者，其死屍則在茅、瓦之上。兼驗頭、足，亦有向至。

如屍被火化盡，只是灰，無條段骨殖者，勒行人、鄰證供狀「緣上件屍首，或失火燒毀，或被人燒毀，即無骸骨存在，委是無憑檢驗。」方與備申。

凡驗被火燒死人，先問元申人火從何處起，火起時其人在甚處，因甚在彼。被火燒時，曾與不曾救應。仍根究曾與不曾與人作鬧？見得端的，方可檢驗。

或檢得頭髮焦拳，頭、面連身一槩焦黑，宜申說：「今來無憑檢驗本人沿身上下有無傷損他故，及定奪年顏形狀不得。只檢得本人口鼻內有無灰燼，委是火燒身死。」如火燒深重，實無可憑，即不要說口鼻內灰燼。

二十七、湯潑死

凡被熱湯潑傷者，其屍皮肉皆拆，皮脫白色，着肉者亦白，肉多爛赤。如在湯火內，多是倒卧，傷在手足、頭面、胷前。如因鬪打或頭撞、脚踏、手推在湯火內，多是兩後脥與臀腿上。或有打損處，其皰不甚起，與其他所湯不同。

二十八、服毒

凡服毒死者，屍口眼多開，面紫黯或青色，唇紫黑，手足指甲俱青黯，口、眼、耳、鼻間有血出。

甚者，遍身黑腫，面作青黑色，唇捲發皰，舌縮或裂拆，爛腫微出，唇亦爛腫或裂拆，指甲尖黑，喉、腹脹作黑色，生皰，身或青班，眼突，口、鼻、眼内出紫黑血，鬚髮浮不堪洗。未死前須吐出惡物，或瀉下黑血，穀道腫突，或大腸穿出。

有空腹服毒，惟腹肚青脹而唇、指甲不青者。亦有食飽後服毒，惟唇、指甲青而腹肚不青者。又有腹臟虚弱、老病之人，略服毒而便死，腹肚、口唇、指甲並不青者，却須參以他證。

生前中毒而遍身作青黑，多日皮肉尚有，亦作黑色。若經久，皮肉腐爛見骨，其骨黲黑色。

死後將毒藥在口内假作中毒，皮肉與骨只作黄白色。

凡服毒死，或時即發作，或當日早晚。若其藥慢，即有一日或二日發。或有翻吐，或吐不絶，仍須於衣服上尋餘藥，及死屍坐處尋藥初〔七〕器皿之類。

中蠱毒，遍身上下、頭面、胷心並深青黑色，肚脹，或口内吐血，或糞門内瀉血。

鼠莽草毒，江南有之。亦類中蠱，加之唇裂，齒齦青黑色。此毒經一宿一日，方見九竅有血出。

食果實、金石藥毒者，其屍上下或有一二處赤腫，有類拳手傷痕，或成大片青黑色，爪甲黑，身體肉縫微有血，或腹脹，或瀉血。酒毒，腹脹或吐、瀉血。

砒霜、野葛毒，得一伏時，遍身發小皰，作青黑色，眼睛聳出，舌上生小刺皰綻出，口唇破裂，兩耳脹大，腹肚膨脹，糞門脹綻，十指甲青黑。

金蠶蠱毒，死屍瘦劣，遍身黄白色，眼睛塌，口齒露出，上下唇縮，腹肚塌。將銀釵驗，作黄浪色，用皂角水洗不去。一云如是：衹身體脹，皮肉似湯火皰起，漸次爲膿，舌頭、唇、鼻皆破裂，乃是中金蠶蠱毒之狀。

手脚指甲及身上青黑色，口鼻内多出血，皮肉多裂，舌與糞門皆露出，乃是中藥毒、菌蕈毒之狀。

如因吐瀉瘦弱，皮膚微黑不破裂，口内無血與糞門不出，乃是飲酒相反之狀。

若驗服毒，用銀釵，皂角水揩洗過，探入死人喉内，以紙密封，良久取出，作青黑色，再用皂角水揩洗，其色不去。如無，其色鮮白。

如服毒、中毒死人，生前喫物壓下入腸臟内，試驗無證，即自穀道内試，其色即見。

凡檢驗毒死屍，間有服毒已久，蘊積在内，試驗不出者。須先以銀或銅釵探入死人喉，訖，却用熱糟醋自下盦洗，漸漸向上，須令氣透，其毒氣薰蒸，黑色始現。如便將熱糟醋自上而下，則其毒氣逼熱氣向下，不復可見。或就糞門上試探，則用糟醋當反是。

又一法，用大米或占米三升炊飯。用净糯米一升淘洗了，用布袱盛，就所炊飯上炊饋。取雞子一箇，鴨子亦可。打破取白，拌糯米飯令勻，依前袱起，着在前大米、占米飯上，以手三指緊握糯米飯如鴨子大，毋令冷，急開屍口，齒外放着，及用小紙三五張搭遮屍口、耳、鼻、臀、陰門之處。仍用新綿絮三五條，釅醋三五升，用猛火煎數沸，將綿絮放醋鍋内煑半時取出，仍用糟盤罨屍，却將綿絮蓋覆。若是死人生前被毒，其屍即腫脹，口内黑臭惡汁噴來綿絮上，不可近。後除去綿絮，糯米飯被臭惡之汁，亦黑色而臭，此是受毒藥之狀。如無，則非也。試驗糯米飯封起，申官府之時，分明開說。此檢驗訣，曾經大理寺看定。

廣南人小有争怒賴人，自服胡蔓草，一名斷腸草，形如阿魏，葉長尖，條蔓生，服三葉以上即死。乾者或收藏經久，作末食亦死。如方食未久，將大糞汁灌之可解。其草近人則葉動。將嫩葉心浸水，涓滴入口，即百竅潰血。其法：急取抱卵不生雞兒細研，和麻油開口灌之，乃盡吐出惡物而甦。如少遲，無可救者。

二十九、病死

凡因病死者，形體羸瘦，肉色痿黄，口眼多合，腹肚低陷，兩眼通黄，兩拳微握，髮髻解脱，身上或有新舊針灸瘢痕，餘無他故，即是因病死。

凡病患求乞在路死者，形體瘦劣，肉色痿黄，口眼合，兩手微握，口齒焦黄，唇不着齒。

邪魔中風卒死，屍多肥，肉色微黄，口眼合，頭髻緊，口内有涎沫，遍身無他故。卒死，肌肉不陷，口鼻内有涎沫，面色紫赤。蓋其人未死時涎壅於上，氣不宣通，故面色及口鼻如此。

卒中死，眼開睛白，口齒開，牙關緊，間有口眼喎斜，并口兩角、鼻内涎沫流出，手脚拳曲。

中暗風，屍必肥，肉多滉白色，口眼皆閉，涎唾流溢。卒死於邪祟，其屍不在於肥瘦，兩手皆握，手足爪甲多青。或暗風如發驚搐死者，口眼多喎斜，手足必拳縮，臂、腿、手足細小，涎沫亦流。以上三項大略相似，更須檢時子細分別。

傷寒死，遍身紫赤色，口眼開，有紫汗流，唇亦微綻，手不握拳。

時氣死者，眼閉口開，遍身黃色，量有薄皮起，手足俱伸。

中暑死，多在五、六、七月，眼合，舌與糞門俱不出，面黃白色。

凍死者，面色痿黃，口内有涎沫，牙齒硬，身直，兩手緊抱胷前，兼衣〔八〕服單薄。檢時用酒、醋洗，得少熱氣則兩腮紅，面如芙蓉色，口有涎沫出，其涎不黏。此則凍死證。

飢餓死者，渾身黑瘦硬直，眼閉口開，牙關緊禁，手脚俱伸。

或疾病死，值春、夏、秋初，中得遲，經隔兩三日，肚上臍下、兩脇肋骨縫有微青色。此是病人死後，經日變動，腹内穢污發作，攻注皮膚，致有此色。不是生前有他故，切宜子細。

凡驗病死之人，纔至檢所，先問元中人其身死人來自何處，幾時到來，幾時得病，曾與不曾申官，取責口詞，有無人識認。如收得口詞，即須問元患是何疾病，年多少，病得幾日方申官取問口詞。既得口詞之後，幾日身死。如無口詞，則問如何取口詞不得。若是奴婢，則須先討契書看，問有無親戚，患是何病，曾請是何醫人，喫甚藥，曾與不曾申官取口詞。如無，則問不責口詞因依，然後對衆證定。如別無它故，只取衆定驗狀，稱説遍身黄色，骨瘦，委是生前因患是何疾致死。仍取醫人定驗疾色狀一紙。如委的衆證因病身死分明，元初雖不曾取責口詞，但不是非理致死，不須牒請覆驗。

三十、針灸死

須勾醫人驗針灸處，是與不是穴道，雖無意致殺，亦須説「顯是針灸殺」，亦可科醫「不應爲罪」。

三十一、劄口詞

凡抄劄口詞，恐非正身，或以它人僞作病狀，代其飾説。一時不可辨認，合於所判狀內云：「日後或死亡申官，從條檢驗。」庶使豪强之家，預知所警。

宋提刑洗冤集録卷之四

校勘記

〔一〕「法」，孫星衍重刊本作「怯」。
〔二〕「冇」，孫星衍重刊本作「有」。
〔三〕「夫」，孫星衍重刊本作「尖」。
〔四〕「幹」，孫星衍重刊本作「斡」。
〔五〕「破」，孫星衍重刊本作「被」。
〔六〕「揍」，孫星衍重刊本作「捧」。
〔七〕「初」，孫星衍重刊本作「物」。
〔八〕「兼衣」下空兩字，应係削去所刻誤字造成。

宋提刑洗冤集録卷之五

三十二、驗罪囚〔一〕

凡驗諸處獄内非理致死囚人，須當徑申提刑司，即時入發遞鋪。

三十三、受杖死

定所受杖處瘡痕闊狹，看陰囊及婦人陰門，并兩脇肋、腰、小腹等處，有無血廕痕。

小杖痕，左邊横長三寸，闊二寸五分，右邊横長三寸五分，闊三寸，各深三分。

大杖痕，左右各方圓三寸至三寸五分，各深三分，各有膿水，兼瘡遇迴亦有膿水，淹浸皮肉潰爛去處。

背上杖瘡，横長五寸，闊三寸，深五分。如日淺時，宜說：兼瘡週廻有毒氣攻注，青赤、皸皮、緊硬去處。如日數多時，宜說：兼瘡週廻亦有膿水淹浸，皮肉潰爛去處。將養不較，致命身死。

又有訊腿杖，而荊杖侵及外腎而死者，尤須細驗。

三十四、跌死

凡從樹及屋臨高跌死者，看枝柯掛撐所在，并屋高低，失脚處蹤跡，或土痕高下，及要害處須有抵隱或物擦磕痕瘢。若内損致命痕者，口、眼、耳、鼻内定有血出。若傷重分明，更當子細驗之，仍量撲落處高低丈尺。

三十五、塌壓死

凡被塌壓死者，兩腿〔二〕皺出，舌亦出，兩手微握，遍身死血淤紫黯色，或鼻有血，或清水出。傷處有血癊赤腫，皮破處四畔赤腫，或骨并筋皮斷折。須壓着要害致命，如不壓着要害不致死。死後壓即無此狀。

凡檢舍屋及牆倒、石頭脱落壓着身死人，其屍沿身虛怯要害去處若有痕損，須説長闊分寸，作堅硬物壓痕，仍看骨損與不損。若樹木壓死，要見得所倒樹木斜傷着痕損分寸。

三十六、外物壓塞口鼻死

凡被人以衣服或濕紙搭口鼻死，則腹乾脹。

若被人以外物壓塞口鼻，出氣不得後命絶死者，眼開睛突，口鼻内流出清血水，滿面血廕赤黑色，糞門突出，及便溺汚壞衣服。

三十七、硬物癮痁死

凡被外物癮痁死者，肋後有癮痁着紫赤腫，方圓三寸、四寸以來，皮不破，用手揣捏，得筋骨傷損，此最爲虛怯要害致命去處。

三十八、牛馬踏死

凡被馬踏死者，屍色微黄，兩手散，頭髮不慢，口鼻中多有血出，痕黑色。被踏要害處便死，骨折，腸臟出。若只築倒或踏不着要害處，即有皮破癮赤黑痕，不致死。驢足痕小。

牛角觸着，若皮不破，傷亦赤腫。觸着處多在心頭、胷前，或在小腹、脇肋，亦不可拘。

三十九、車輪拶死

凡被車輪拶死者，其屍肉色微黄，口眼開，兩手微握，頭髻緊。

凡車輪頭拶着處，多在心頭、胷前并兩脇肋。要害處便死，不是要害不致死。

四十、雷震死

凡被雷震死者，其屍肉色焦黄，渾身軟黑，兩手拳散，口開眼皺，耳後髮際焦黄，頭髻披散，燒着處皮肉緊硬而攣縮，身上衣服被天火燒爛。或不火燒。傷損痕跡多在腦上及腦後，腦縫多開，鬢髮如焰火燒着。從上至下，時有手掌大片浮皮紫赤，肉不損，胷、項、背、膊上或有似篆文痕。

四十一、虎咬死

凡被虎咬死者，屍肉色黄，口眼多開，兩手拳握，髮髻散亂，糞出。傷處多不齊整，有血舐齒咬痕跡。

虎咬人，多咬頭項上，身上有爪痕、掰損痕。傷處成窟或見骨，心頭、胷前、臂、腿上有傷處。地上有虎跡，勒畫匠畫出虎跡，并勒村甲及傷人處鄰人供責爲證。一云：虎咬人，月初咬頭項，月中咬腹背，月盡咬兩脚。貓兒咬鼠亦然。

四十二、蛇蟲傷死

凡被蛇蟲傷致死者，其被傷處微有齧損黑痕，四畔青腫，有青黄水流，毒氣灌注四肢，身體光腫，面黑。如檢此狀，即須定作毒氣灌着甚處致死。

四十三、酒食醉飽死

凡驗酒食醉飽致死者，先集會首等，對衆勒仵作、行人用醋湯洗檢。在身如無痕損，以手拍死人肚皮。膨脹而響者，如此即是因酒食醉飽過度，腹脹心肺致死。仍取本家親的骨肉供狀，述死人生前常喫酒多少致醉，及取會首等狀，今來喫酒多少數目，以驗致死因依。

四十四、醉飽後築踏内損死

凡人喫酒食至飽，被築踏内損，亦可致死。其狀甚難明，其屍外別無他故，唯口、鼻、糞門有飲食并糞帶血流出。遇此形狀，須子細體究曾與人交爭，因而築踏。見人照證分明，方可定死狀。

四十五、男子作過死

凡男子作過太多，精氣耗盡，脱死於婦人身上者，真僞不可不察。真則陽不衰，僞者則痿。

四十六、遺路死

或是被打死者，扛在路傍，耆正只申官作遺路死屍，須是子細。如有痕跡，合申官多方體訪。

四十七、死後仰卧停泊有微赤色

凡死人，項後、背上、兩肋後、腰腿内、兩臂上、兩腿後、兩曲脷、兩脚肚子上下有微赤色。驗是本人身死後，一向仰卧停泊，血脉墜下，致有此微赤色，即不是别致他故身死。

四十八、死後蟲鼠犬傷

凡人死後被蟲鼠傷，即皮破無血，破處周廻有蟲鼠齧痕蹤跡，有皮肉不齊去處。若狗咬，則痕跡麄大。

四十九、發塚

驗是甚向，壙圍長闊多少，被賊人開鋤，壙土狼藉，鍬鋤開深尺寸，見板或開棺見屍。勒所報人具出死人元裝着衣服物色，有甚不見被賊人偷去。

五十、驗鄰縣屍

凡鄰縣有屍在山林荒僻處，經久損壞，無皮肉，本縣已作病死檢了，却牒鄰縣覆。蓋爲他前檢不明，於心未安，相攀覆檢。有如此類，莫若據直申其屍見有白骨一副，手、足、頭全，並無皮肉、腸胃。驗是死經多日，即不見得因何致死。所有屍骨未敢給付埋殯，申所屬施行。不可被公人紿作「無憑檢驗」。

凡被牒往他縣覆檢者，先具承牒時辰，起離前去事狀，申所屬官司。值夜止宿。及到地頭，次第取責干連人罪狀，致死今經幾日，方行檢驗。如經停日久，委的皮内〔三〕壞爛不任看驗者，即具仵作行人等衆狀，稱屍首頭項、口眼、耳鼻、咽喉上下至心胷、肚臍、小腹、手脚等，並遍身上下屍脹臭爛，蛆蟲往來咂食，不任檢驗。如稍可驗，即先用水洗去浮蛆蟲，子細依理檢驗。

五十一、辟穢方

三神湯：能辟死氣。

蒼術二兩，米泔浸兩宿，焙乾。白術半兩。甘草半兩，炙。

右爲細末，每服二錢，入鹽少許，點服。

辟穢丹：能辟穢氣。

麝香少許。細辛半兩。甘松一兩。川芎二兩。

右爲細末，蜜圓如彈子大，久窨爲妙，每用一圓燒之。

蘇合香圓：每一圓含化，尤能辟惡。

五十二、救死方

若縊，從早至夜，雖冷亦可救。從夜至早，稍難。若心下温，一日以上猶可救。不得截繩，但欵欵抱解放卧。令一人踏其兩肩，以手拔其髮，常令緊。一人微微撚整喉嚨，依元以手擦胷上散動之。一人磨搦臂、足，屈伸之。若已僵，但漸漸强屈之。又按其腹。如此一飯久，即氣從口出，得呼吸，眼開，勿苦勞動。又以少官桂湯及粥飲與之，令潤咽喉。更令二人以筆管吹其耳内。若依此救，無有不活者。

又法，緊用手罨其口，勿令通氣，兩時許，氣急即活。

又，用皂角、細辛等分爲末，如大豆許，吹兩鼻孔。

水溺一宿者尚可救。擣皂角以綿裹納下部内，須臾出水即活。

又，屈死人，兩足着人肩上，以死人背貼生人背，擔走，吐出水即活。

又，先打壁泥一堵，置地上，却以死者仰卧其上，更以壁土覆之，止露口眼，自然水氣翕入泥間，其人遂甦。洪丞相在番陽，有溺水者，身僵氣絶，用此法救即甦。

又，炒熱沙覆死人面，上下着沙，只留出口、耳、鼻，沙冷濕又换，數易即甦。

又，醋半盞，灌鼻中。

又，綿裹石灰納下部中，水出即活。

又，倒懸，以好酒灌鼻中及下部。

又，倒懸觧去衣，去臍中垢，令兩人以筆管吹其耳。

又，急觧死人衣服，於臍上灸百壯。

暍死於行路上，旋以刀器掘開一穴，入水擣之，却取爛漿以灌死者，即活。

中暍不省人事者，與冷水喫，即死。但且急取竈間微熱灰壅之，復以稍熱湯蘸手巾，熨腹脇間，良久甦醒，不宜便與冷物喫。

凍死，四肢直，口噤。有微氣者，用大鍋炒灰令暖，袋盛熨心上，冷即换之。候目開，以温酒及清粥稍稍與之。若不先温其心，便以火灸，則冷氣與火争，必死。

又用氈或藁薦捲之，以索繫，令二人相對踏，令衮轉往來如衦。古旱切，摩展衣也。氈法，候四肢温即止。

魘死，不得用燈火照，不得近前急唤，多殺人。但痛咬其足跟及足拇指畔，及唾其面，必活。

魘不省者，移動些小卧處，徐徐唤之即省。夜間魘者，元有燈即存，元無燈切不可用燈照。

又，用筆管吹兩耳，及取病人頭髮二七莖，撚作繩，刺入鼻中。

又，鹽湯灌之。

又，研韭汁半盞灌鼻中。冬用根亦得。

又，灸兩足大拇指聚毛中三七壯。聚毛乃脚指向上生茅處。

又，皂角末，如大豆許，吹兩鼻内，得嚏則氣通，三四日者尚可救。

中惡客忤卒死。凡卒死，或先病，及睡卧間忽然而絶，皆是中惡也。用韭黄心於男左女右鼻内，刺入六七寸，令目間血出即活。視上唇内沿，有如粟米粒，以針挑破。

又，用皂角或生半夏末，如大豆許，吹入兩鼻。

又，用羊屎燒煙熏鼻中。

又，綿浸好酒半盞，手按令汁入鼻中，及捉其兩手，勿令驚，須臾即活。

又，灸臍中百壯，鼻中吹皂角末，或研韭汁灌耳中。

又，用生菖蒲研取汁一盞灌之。

殺傷。凡殺傷不透膜者，乳香、没藥各一皂角子大，研爛，以小便半盞、好酒半盞同煎，通口服。然後用花蕊石散，或烏賊魚骨或龍骨爲末，傅瘡口上立止。

推官宋瑑，定驗兩處殺傷，氣偶未絶，亟令保甲各取葱白熱鍋炒熟，遍傅傷處，繼而呻吟。再易葱，而傷者無痛矣。曾以語樂平知縣鮑旂。及再會，鮑曰：「葱白甚妙。樂平人好鬪多傷，每有殺傷，公事未暇詰問，先將葱白傅傷損處，活人甚多，大辟爲之減少。」一出張聲道經驗方。

胎動不安。凡婦人因爭鬪胎不安，腹内氣刺痛、脹、上喘者，川芎一兩半、當歸半兩。右爲細末，每服二錢。酒一大盞，煎六分。炒生薑少許在内，尤佳。

又，用苧麻根一大把，净洗，入生薑三五片，水一大盞，煎至八分，調粥飯與服。

驚怖死者，以温酒一兩盃，灌之即活。

五絶及墮打卒死等，但須心頭温煖，雖經日亦可救。先將死人盤屈在地上，如僧打坐狀，令一人將死人頭髮控放低，用生半夏末以竹筒或紙筒、筆管吹在鼻内。如活，却以生薑自然汁灌之，可解半夏毒。五絶者，産、魅、縊、壓、溺。治法：單方半夏一味。

卒暴、墮攧、築倒及鬼魘死，若肉未冷，急以酒調蘇合香圓灌入口。若下喉去，可活。

五十三、驗狀説

凡驗狀，須開具死人屍首元在甚處，如何頓放，彼處四至，有何衣服在彼，逐一各檢劄名件。其屍首有無雕青、灸瘢，舊有何缺折肢体及傴僂、拳跛、秃頭，青紫、黑色、紅誌、肉瘤、蹄踵諸般疾狀，皆要一一於驗狀聲載，以備證驗詐僞，根尋本原推勘。及有不得姓名人屍首，後有骨肉陳理者，便要驗狀證辨觀之。今之驗狀若是簡略，具述不全，致妨久遠照用。况驗屍首，本緣非理，獄囚、軍人、無主死人，則委官定驗，兼官司信憑檢驗狀推勘，何可踈略？又况驗屍失當，致罪非輕。當是任者，切宜究之！

宋提刑洗冤集録卷之五

校勘記

〔一〕「驗罪囚」，原書目録中其下有「死」字。

〔二〕「腿」，孫星衍重刊本作「眼」。

〔三〕「内」，孫星衍重刊本作「肉」。

附　録

一、傳記

宋劉克莊宋經略墓志銘

余爲建陽令，獲友其邑中豪傑，而尤所敬愛者，曰宋公惠父。時江右峒寇張甚，公奉辟書，慷慨就道，余置酒賦詞祖餞，期之以辛公幼安、王公宣子之事。公果以才業奮歷中外，當事任，立勳績，名爲世卿者垂二十載，聲望與辛、王二公相頡頏焉。公没且十年，而積善之墓未題，其孤奉故左史李公昴英之狀來曰：「先君交游盡矣，銘非君誰屬？」

宋氏自唐文貞公傳四世，由邢遷睦。又三世，孫世卿丞建陽，卒官下，遂爲邑人。曾大父安氏、大父諱華、父鞏，以特科録廣州節度使，贈某官。母□氏，贈□人。公少聳秀軒豁，師事考亭高第吴公雉，又遍參楊公方、黄公榦、李公方子、二蔡公淵、沉，孜孜論質，益貫通融液。暨入太學，西山真公德秀衡其文，見謂有源流出肺腑，公因受學其門。丁丑南宮奏賦第三，中乙科。調鄞尉。未上，丁外艱。再調信豐簿，帥鄭公性之羅致之幕，多所裨益。秩滿，南安境内三峒首禍，毁兩縣一寨，環雄、贛、南安三郡，數百里皆爲盜區。臬司葉宰懲前招安，決意剿除，創節制司，准遣闢辟公。時副都統陳世雄擁重兵不進，公亟趨山前，先賑六堡饑民，使不從亂。乃提兵三百，倡率隅總，破石門寨，俘其酋首。世雄恥之，逼戲下輕進。賊設覆誘之，兵將官死者十有二人。世雄走贛，賊得勢，三路震動。公欲用前賑六堡之策，白臬使，數移文倉司。魏倉司大有置不問，聞公主議，銜之。公率義丁力戰，破高平寨，擒謝寶崇，降大勝峒曾志，皆渠魁也。三峒平，幕府上功，特改合入官。臬去倉攝，挾忿庭辱。公不屈折，拂衣而去。語人曰：「斯人忍而愎，必召變。」魏怒，劾至再三。不旋踵，魏爲卒朱先所戕。

閩盜起，詔擢陳公韡爲招捕使，陳公用真公言，檄公與李君華同議軍事。主將王祖忠意公書生，謾與約分路，剋日會老虎寨。王、李全師從明溪柳楊，公提孤軍從竹州，且行且戰三百餘裏，卒如期會寨下。王驚曰：「君智勇過武將矣。」軍事多咨訪。

時凶渠猾酋犄角來援，護軍、主將矛盾不咸。公外攘却，内調娱，先計後戰，所嚮剋捷，直趨招賢、招德，擒王朝茂，破邵武者也。殺嚴潮，降王從甫，與李君入潭飛磜，百年巢穴一空，惟大酋丘文通挾謀主吴叔夏、劉謙子竄入石城之平固。公與偏將李大聲疾馳平固，執文通、叔夏、謙子以歸。招德賊酋徐友文謀中道掩奪，並俘友文以獻，大盗無漏網者。先是，魏劾疏下，陳公奏雪前誣，復元秩。

汀卒囚陈守孝嚴，嬰城負固。陳公檄公與李君圖之。既至，先設備，密寫撫定旗榜。公與李君坐堂下，引郡卒支犒，卒皆挾刃入，李公色動，公雍容如常，命梟七卒，出旗榜貸餘黨，衆無敢嘩。辟知長汀縣。舊運閩鹽，踰年始至，吏減斤重，民苦抑配。公請改運於潮，往返僅三月，又下其估出售，公私便之。再考，朝家出二樞臣視師，曾公從龍督江淮，魏公了翁督荆襄。曾公辟公爲屬，未至而曾公薨。魏公兼督江淮，遣書幣趣公，賓主歡甚。每曰：「賴有此客爾。」結局，獨辭贍家發路黄金五十星。

通判邵武軍，攝郡，有遺愛。通判南劍州，不就，杭相李公宗勉擢貳天府，除諸軍料院。浙右饑，米斗萬錢，毗陵調守，相以公應詔。入境問俗，歎曰：「郡不可爲，我知其説矣。强宗巨室始去籍以避賦，終閉糴以邀利，吾當伐其謀爾。」命吏按訴旱狀，實各户合輸米，禮致其人，勉以濟糴。析人户爲五等，上焉者半濟半糴，次糴而不濟，次濟糶俱免，次半糶半濟，下焉者全濟之。全濟之米從官給，衆皆奉令。又累乞蠲放，詔閣半租。明年旱，禱而雨。比去，餘米麥三千餘斛、鏹二十萬、楮四十萬。

擢司農丞，知贛州。當路以要官鉤致，公不答，遽劾免。後要官果有坐附麗斥者。起知蘄州，道除提點廣東刑獄，名節制摧鋒軍，實不受令。公請緩急得調遣，從之。南吏多不奉法，有留獄數年未詳覆者。公下條約，立期程，閲八月決辟囚二百餘。移節江西，贛民遇農隙率販鹺於閩、粵之境，名曰鹽子，各挾兵械，所過剽掠，州縣單弱，莫敢誰何。公鱗次保伍，訊其出入，姦無所容。舉行之初，人持異議，事定乃大愧服。諫省奏乞，取宋某所行下浙右以爲法。兼知贛州，盱寇盜竊發，言者歸咎保伍，經筵有爲公辨明者，章格不下。

蜀相游公似大拜，以公按刑廣右，循行部内，所至雪冤禁暴，雖惡弱處所，轍跡必至。除直秘閣，移湖南。會陳公以元樞來建大閫，兼制西廣，辟公參謀。以公手疏嶺外事宜繳奏，宸翰：「宋某所陳確實可用，若能悉意助卿保釐南土，旌擢未晚。」鬼國與南丹州争金坑，南丹言，韃騎迫境，宜守張惶乞師。公白陳公：「此虜無飛越大理、特磨二國，直搗南丹之理。」已而果然。進直寶謨閣，奉使四路，皆司臬事，聽訟清明，決事剛果，撫善良甚恩，臨豪猾甚威，屬部官吏以至窮閻委巷、深山幽谷之民，咸若有一宋提刑之臨其前。

擢直焕章閣，知廣州、廣東經略按撫，持大體，寬小文，威愛相濟。開閫屬兩月，忽感末疾，猶自力視事。學宫釋菜，賓佐請委官攝獻，毅然親往，由此委頓，以淳祐六年三月七日〔二〕終於州治，年六十四，秩止朝議大夫。明年七月十五日葬於崇樂裏之張墓窠。娶余氏，繼連氏，皆封□人。三子：國寶、國子，鄉貢進士。大□，鄉貢進士。秉孫，正奏名，未廷對。皆力學濟美。二女：長適登仕郎梁新德，次適將仕郎吴子勤。三孫：憲、燾、湘，並將仕郎。

公博記覽，善辭令，然不以浮文妨要，惟據案執筆，一掃千言，沉着痛快，曄健破膽。礪廉隅，峻風裁，然不以己之長傲物，雖晚生小校，寸長片善，提奬薦進，寒畯吐氣。每誦諸葛武侯之言曰：「治世以大德，不以小惠。」其趣向如此。性無他嗜，惟喜收異書名帖。禄萬石，位方伯，家無釵澤，廏無駔駿。魚羹飯，敝緼袍，蕭然終身。晚尤謙挹，扁其室曰「自牧」，丞相董公槐記焉。昔張禹、馬融皆起書生，既貴，或後堂陳絲竹管弦，或施絳紗帳，列女樂，其尤鄙者，至以金盆濯足，甚哉居養之移人也。惟本朝前輩宋宣獻、李邯鄲好藏書，唐彦猷好硯，歐陽公好金石刻，公似之矣。余既書公大節，又著其細行於末。

公諱慈，惠父字也。銘曰：「其儒雅則遵、穀也，其開濟則瑜、肅也，其威名則頗、牧也，其恩信則羊、陸也。敵將扼吾吭而斡吾腹也，上方備邕，宜而憂襄、蜀也。哀哉，若人之不淑也，求之之難也而奪之之速也。脱車之輻而踠驥之足也，嗟後之人勿傷其宰上之木也。

清抄本後村先生大全集卷一百五十九

宋慈列傳

宋慈，字惠父。嘉定中第進士，歷湖南提刑，以朝請大夫直焕章閣，帥廣東致仕。慈通經史，能文章，居官所在有聲，嘗作洗冤録。及卒，理宗以其爲中外分憂之臣，有密贊閫畫之寄，特贈朝議大夫，禦書墓門以旌之。屏山劉童贊曰：黄甲奮身，持己方正；洗冤有録，能重民命；始終保全，荷天之慶；禦墨表門，千古輝映。敘曰：余嘗讀洗冤録，每歎惠父能灼明奥渫，仕者罕儷。及讀其傳，見其政聲赫著，乃知其爲有用之學，其見稱理廟也宜乎。

明嘉靖建陽縣志卷十列傳

宋慈傳

宋慈，字惠父，建安人。有撥煩治劇才。紹定間，奉捕使陳韡牒，差同李監軍華，平汀寇叛。未幾，剿渠魁於談笑間。慈參贊之功居多，上功辟差知長汀縣，轉奉議郎。縣治湫隘，慈皆撤而新之，使極壯麗。時當師旅饑饉之餘，明於聽斷，境内大治。任垂滿，差充督視行府幹辦公事。

永樂大典卷之七千八百九十四臨汀志

宋慈列傳

宋慈，字惠父。父鞏，以特奏名授廣州節度推官。慈少受業於同邑吴雉，雉本朱子弟子，慈因得與楊方、黄榦、李方子諸儒論質，學益進。暨入太學，真德秀衡其文，謂其源流出肺腑，惠（父）復師事焉。嘉定十年，中進士乙科，補贛州信豐主簿。會南安軍三峒賊煽亂，提刑葉宰徽前招安養禍，決意剿除，辟慈充準備差遣官。時副都統制陳世雄擁重兵不進，慈亟趨山前，先賑六保饑民，使不從亂，乃提兵三百爲隅總倡破石頭寨，俘其酋。世雄恚，輕進逼賊，剿賊設覆誘之，將官死者十有二人。世雄走贛州，賊得勢，益猖獗。慈欲用前賑六保之策，白宰數移文提舉常平司魏大有。大有聞慈主議，銜之。慈帥義丁力戰，破高平寨，擒謝寶崇，降大勝峒曾志，皆渠魁也。賊平，幕府上功，特改合入官。宰去，大有提刑，挾忿庭辱慈。慈不屈，拂衣而出，語人曰：「斯人忍而愎，必召變。」大有怒，劾至再三，慈遂罷歸。

未幾，大有爲卒朱先所戕，閩中汀、劍、邵盜起，詔擢陳公韡爲招捕使，德秀貽韡書言慈可用，韡奏雪慈前誣，復元秩，命與李華同議軍事。王祖忠督淮西軍至閩，以慈書生，謾與約分路，剋日會老虎寨。祖忠與華以全師渡明溪，慈提孤軍從竹洲進，且行且戰三百餘里，卒如期會寨下。祖忠驚曰：「君忠勇過武將矣。」由是軍事多咨訪慈，先計後戰，所嚮剋捷，直趨招賢、招德，以扼賊鋒。祖忠與華遂得進破潭飛漈，賊酋丘文通挾謀主吴叔夏、劉謙子竄入石城之平固。慈與偏將李大聲疾馳平固，執以歸。招德賊酋徐友文謀中道掩奪，慈俘以獻，大盜無漏網者。汀卒囚知州陳孝嚴，攖城負固，韡檄慈圖之。慈至，梟首亂者七人，出旗榜貸餘黨，眾無敢嘩。韡奇其才，薦知長汀縣（詳見宦績）。

端平二年，樞密使曾從龍督師江淮，辟慈爲屬，未至而從龍卒。詔令荆襄臣魏了翁兼其職，了翁遺書幣趣慈，賓主歡甚。每曰：「賴有此客爾。」尋，通判邵武軍，攝郡有遺愛。改通判南劍州，不就。

嘉熙三年，浙右饑，朝議調常州守臣，宰相以慈應詔。入境問俗，歎曰：「郡不可爲，我知其説矣。强宗巨室始去籍以避税，終閉糴以邀利，吾當代謀之。」析人户爲五等，上者半濟半糴，次糴而不濟，次濟糴俱免，次半受濟，下者全濟之，全濟之米從官給。衆皆奉令，民無饑者。

累遷提點廣東刑獄，粤吏多不奉法，有留獄數年未詳覆者。慈下條約，立期程。閲八月，決辟囚二百餘。復以時循行部内，雪冤禁暴。移任江西，兼知贛州。贛民遇農隙率挾兵械販鹺於閩、粤境上，所過剽掠，州縣莫敢誰何。慈鱗次保伍，訊其出入，姦無所容。臺諫省奏取慈所行，下浙右以爲法。

除直秘閣，提點湖南刑獄，條上大理諸讞事宜。詔除韡爲湖南安撫大使兼節制廣西，韡辟慈參謀。事無大小，多與商榷然後行。會鬼國與南丹州争金坑，南丹詭言蒙古逼境，望乞師。慈白於韡曰：「北兵無飛越大理、特磨二國，直擣南丹之理。」已而果然。進直焕章閣，知廣州，爲廣東經略安撫，威愛相濟，嶺海晏然。淳祐六年卒，年六十有四，贈朝議大夫，禦書墓門以旌之，蓋其異數也。慈博記覽，善辭令，據案執筆，一掃千言，豐裁峻厲，望之可畏。然不以己之長傲物，雖鯫生小校，寸長片善，提奬如恐不及。性無他嗜，惟善收異書名帖，而疏食缊袍，蕭然終身。劉克莊謂其可與辛棄疾相頡頏焉。

清同治福建通志卷百七十五宋列傳建陽縣

二、年表

宋慈年表

宋慈，字惠父，號自牧，建陽人。其父名鞏，曾以特奏名授廣州節度推官。宋慈少受業於同邑吴雉，爲朱熹再傳弟子。後入太學，頗受浦城人真德秀賞識，又師事真氏，故其學頗有淵源。

宋寧宗嘉定十年（一二一七），中進士乙科。授鄞尉，丁外艱，未赴任。

宋理宗寶慶二年（一二二六），補信豐縣主簿。提刑葉宰辟宋慈充準備差遣官。

紹定四年（一二三一），知長汀縣，改從潮州運鹽，並便宜出售。
端平二年（一二三五），受曾從龍、魏了翁器重，辟爲屬。
嘉熙元年（一二三七），通判邵武軍，攝郡有遺愛。
嘉熙二年（一二三八），通判南劍州，不就。
嘉熙三年（一二三九），知常州，濟糶有度，蠲租抗旱。
嘉熙四年（一二四〇），除朝奉郎。
淳祐元年（一二四一），八月，轉朝散郎。
淳祐二年（一二四二），三月，賑濟有勞，轉朝議郎。當月，除司農寺丞。四月，改知贛州，未離任，罷。起知蘄州，道除廣東刑獄。
淳祐七年（一二四七），除直秘閣，提點湖南刑獄。編刻洗冤集録。
淳祐九年（一二四九），擢直焕章閣，知廣州、廣東經略安撫使。當年病逝於州治。後歸葬於建陽。

三、序跋

清陳明善校刊洗冤録序

凡吏治之道，民間訟獄，均須悉心體察。至於命案，尤關重大焉。予宦遊山右，歷任有年，或本境命案，或令封代驗，靡不加意詳求，無敢稍忽。洗冤録一書，屍傷隱微，備載其中。予謹遵欽定刊本，公務之暇，校録袖珍，並附一二救急經驗良方，付諸梨棗，庶貽之同志，以便程途攜帶云。乾隆四十九年歲次甲辰三月知朔州事武進陳明善野航氏書。

清乾隆四十九年陳明善校刻袖珍本洗冤録

清阮其新補注洗冤録集證序一

欽定四庫全書子部目云：洗冤録二卷，永樂大典原本宋人宋慈撰。慈，字惠父，始末未詳。是書自序題淳祐丁未。結銜題朝散大夫、新除直秘閣、湖南提刑充大使行府參議官。序中稱：四權臬司，於獄案審之又審，博採近世諸書，自内恕録以下，凡數家，薈萃釐正，增以己見爲一編，名曰洗冤集録，刊於湖南憲治。後來檢驗諸書，大抵以是爲藍本，而遞相考究，互有增損，則不及後來之周密也。夫洗冤録一書，入官佐幕者，無不肄習，而於書之來歷，則未之知也，故特標於卷首。

嘉慶十二年歲次丁卯三月十二日會稽阮其新録於浙江撫署之誠本堂

清阮其新補注洗冤録集證序二

洗冤録一書，宋淳祐間，宋惠父博採諸書，薈萃而成。王明德所云十餘卷求之不獲者是也。王肯堂箋釋僅載三十餘條，嗣增爲四卷。今王又槐又增一卷，於檢驗之法，無不詳且備焉。余囊隨任右林姻丈於之江節署，從事申韓之學，讀是書而不甚解。蓋事未親歷，無由辨證故也。歲癸酉，余以投效土方，得南城指揮故事。指揮專司相驗，於是復展是書，詳加研究。每遇檢驗，必反復而諦審之，以爲是書證凡嚮之所不甚解者，均瞭然於心目，而疑難之讞亦無不釋矣。癸未夏，出刺横州，道出漢江，裘恕齋司馬論及檢驗事，恕齋津津不已，且出其手批洗冤録一冊見示，並舉録內所云相驗，當互證參合，不可執一而論以爲秘要。恕齋固深得此中三昧者，余尤佩服之。因心懷前路，手録數條，攜以自隨。庚寅春，權守泗城，政閑理簡，復檢是書，於坊本之訛錯者逐一更正各條之後，附以經驗成案，並將所習寶鑒編亦附於篇末，以備參覽。閱二寒暑而集始成，非敢標異翻新，自矜圭臬。然於檢驗之法不爲無補，而續貂之誚亦在所不辭矣。時道光壬辰春三月上澣會稽阮其新春畬氏書於泗城官閣。

道光壬辰三月上澣會稽阮其新春畬氏書於泗城官閣

清李璋煜洗冤録辨正原敘

前漢書薛宣傳：「遇人不以義而見痏者，與痏人之罪鈞，惡不直也。」注應劭曰：以杖手擊人，剥其皮膚，腫起青黑而無創瘢者，律謂疻、痏。所謂律者，漢律也。意古必有檢驗之法，與律例並行，顧其書多不傳，傳者以洗冤録爲最古。宋孝宗淳熙元年，浙西提點刑獄鄭興裔創爲檢驗格目，上之於朝，頒下諸路。宋惠父又博採諸書，增以己見，名曰洗冤集録。後世刑名家奉以爲金科玉律。嘉定錢少詹事養新録謂：輟耕録記勘釘之法，以爲創聞，然此録已先有之。又謂此書屢經後人增改，失其本來面目，惟初刻爲可貴。嘉定瞿木夫先生爲詹事之婿，宏通博雅，得元刻宋淳祐本以校正進本，凡若干條，名爲洗冤録辨正。余通籍後服官刑部，充律例館提調官且十年，深知此事之難，遇有名法家古書善本，必多方假抄。今得先生是書，亟爲刊布，以廣其傳。嘗讀晉書刑法志，謂在昔前漢著律凡六十篇，世有增損，錯揉無常，後人生意，各有章句。叔孫宣、郭令卿、馬季長、鄭康成諸儒十有餘家。魏明帝下詔但得用鄭氏章句，不得雜用餘家。蓋古大儒精於律令，以玆事任大責重，故以治經之法治之，析其章句，正其譌脱，如此之詳且盡也。况推鞫大辟之法，自檢驗始。此事所關尤非淺鮮。吾願良有司各置一冊於座右焉。戊戌小陽春諸城李璋煜敘於六一堂東偏桐連理館。

清道光二十年廣州翰墨園刻本補注洗冤録集證卷六

清瞿中溶洗冤録辨正自敘

予於嘉慶丙寅筮仕之先，適見吴門黄君蕘圃新獲元刻宋淳祐丁未湖南提刑宋惠父慈洗冤録一冊，亟向假鈔，蓋將自以爲從政之津梁也。厥後又購集同類之術，互爲參校，因成洗冤録辨正一卷。考惠父之書不著録於宋人書目，予初以爲創自惠父。及讀李心傳朝野雜記云：檢驗格目者，淳熙初鄭興裔所創也。始時檢驗之法甚備，其後郡縣玩弛，或不即委官，或所委官不即至，至亦不親視，甚則以不堪檢覆告，由是吏奸得肆，冤枉不明，訟獄滋熾。興裔爲浙西提點刑獄，乃創爲格目，排立字號，分畀屬縣，遇有告殺人者，即印格目三本付所委官，屬行吏姓名、受狀承牒及到檢所時日、廨舍去檢所近遠、傷損痕數、致命因，依悉書填之，一申所屬州縣，一付被害之家，一申本司。又言於朝乞下刑部鏤板，頒之諸路提刑司，準此從之，遂著爲令。乃知此書實南宋孝宗朝鄭提刑興裔所創，久著爲令甲者。

惠父自序中云：博採近世所傳諸書，自内恕録以下，凡數家，會而粹之，釐而正之，增以己見，總爲一編，名曰洗冤集録，刊於湖南憲治。然則惠父此書，蓋有所增益而重爲梓行廣布也，亦可謂仁人之用心矣。後代雖遞增加詳，要皆以其書之得傳爲依據，厥功良非淺鮮。予嘗欲以其書分類重編，使易於檢查，不致爲行跡相似者所誤，而稿已數易，迄今未成，因先將辨正一卷繕寫清本，付梓而敘録原委於前。予雖未久攝州縣，然步惠父後塵，從事湘楚十五六年，聞見已復不少，嘗與幕中老友談論，每云東家能看洗冤録，則幕友之責便輕。蓋定讞固有例案，而傷痕之真僞重輕，非目睹者不能知之也。

然予謂苟留心吏治者，又豈肯以此書束之高閣邪。外省大小衙門，自當奉律例館校正洗冤録之本爲準。乃予所見往往多坊刻，惡劣小冊，且惟刑書，仵作備有其書，以爲護身符耳，脱文僞字若輩，安得而知。且書中尚恐有增損竄亂之處，承辦官若素未留心，臨時聽書仵等檢呈便信以爲然，豈不可懼乎。館本洗冤録「踢傷致死」後附小注，一説言婦人羞秘骨，若係娼妓，則青黑殆遍。予曾聞之友人，云嘗試驗之，其説未確。案此條乃金壇王氏讀律佩觿所增，惠父原書並無其文。可見後人增益之言，未可盡信矣。又聞諸熟諳檢驗僚友云：傷痕經久必漸淡，覆檢時或在隱約之間，則有無便易於朦溷，可知命重初檢之語最爲切要，並附及之以告良有司之慎重民命者。時道光七年歲次丁亥三月上巳木居瞿中溶書於古泉山館。

己丑四月，假館吴門老友顧澗蘋，以全椒吴山尊學士所刻袖珍本見贈，覆校舊鈔本，微有不同，遂標出逐條之下，恐吴本據别本有改動也。木居士又識。

又讀咸淳毗陵志史能之序云：歲淳祐辛丑，余尉武進時，宋公慈爲守。又秩官志題名：宋慈，嘉熙四年十一月朝奉郎。淳祐元年八月，轉朝散郎。三月賑濟有勞，轉朝議郎。當月，除司農寺丞。四月，改知贛州，未離任，罷。當即作洗冤録之惠父也。

蓋後六年已擢爲湖南提刑矣。惜不知其終於何官。戊戌閏月二十日無不可翁老木又書，時年七十。

清道光二十年廣州翰墨園刻本補注洗冤録集證卷六

清黄丕烈校新刻洗冤録手跋

明人喜刻書而又不肯守其舊，故所刻往往戾於古。即如此書，能翻刻之，可謂善矣，而必欲改其卷第，添設條目，何耶？余嚮檢也是園書目，於律例門載有洗冤録一卷、無冤録□、平冤録一卷。兹從此刻考之，殆即指是書也。蓋書分上下，猶是一卷耳，故目云一卷也。無冤、平冤亦胡文煥刻，余與此録並得之。丁卯秋九月黄丕烈識。

洗冤録舊刻不多見，得見覆刻本已鮮。世傳者，非其本書矣。余家舊藏宋提刑洗冤集録五卷，前有聖朝頒降新例幾條，載大德云云，故定是元刻。兹胡文煥覆本，文理略同，殊多脱誤，且改易卷第，因手校之，庶可讀也。復翁。

清黄丕烈手校　明萬曆間胡文煥本新刻洗冤録卷末

清陸心源影宋本宋提刑洗冤録跋

宋提刑洗冤録五卷，影宋抄本。題曰：朝散大夫、新除直秘閣、湖南提刑充大使行府參議官宋慈惠父編。文淵閣書目著於録，不著撰人名氏。

四庫全書存目法家類提要云：始末未詳。錢竹汀養新録亦云：不知何許人。愚案：宋慈，福建建陽人，嘉定十年進士。少受業於同邑吴雉，雉爲朱子弟子，因得與楊方、黄榦、李方子論質，學益進。補贛州信豐主簿，遷知長汀縣，擢知常州，歷廣東、江西、湖南提點刑獄，終於直焕章閣，知廣州、廣東安撫大使。淳祐六年卒，年六十四。見劉後村大全集。慈博記覽，善辭令，豐裁峻厲，望之可畏。官主簿時，屢平贛州劇賊。及知常州，歲饑，濟糶，民無餓者。提刑江西，鱗次保伍，姦無所容。臺諫奏取所行，下浙右諸路以爲法。序稱四叨臬事者，由江東而廣東，由廣東而江西，由江西而湖南也。充大使行府參議官者，陳韡爲湖南安撫大使兼節制廣西，辟慈爲參謀也。此書爲淳祐丁未官湖南提刑時所編，採内恕録以下數家，參以己見，會萃而成，後世官司奉爲金科玉律。觀其序後識云：賢士大夫如有得於見聞及親所歷涉出於此集之外者，切望片紙録賜以廣未備。可見其求治之殷矣，非賢者而能如是乎？宋史循吏不爲立傳，亦却典也。

清陸心源儀顧堂題跋卷六

四、提要

洗冤録提要

洗冤録二卷（永樂大典本），宋宋慈撰。慈，字惠父，始末未詳。是書自序題淳祐丁未，結銜題朝散大夫、新除直秘閣、湖南提刑充大使行府參議官。序中稱：四權臬司，於獄案審之又審，博採近世諸書，自内恕録以下，凡數家，薈稡釐正，增以己見爲一編，名曰洗冤集録。刊於湖南憲治。後來檢驗諸書，大抵以是爲藍本，而遞相考究，互有增損，則不及後來之密也。

四庫全書總目提要子部法家類存目

五、贈詞和韻

宋劉克莊滿江紅送宋惠父入江西幕

滿腹詩書，餘事到，穰苴兵法。新受了，烏公書幣，着鞭垂發。黄紙紅旗喧道路，黑風青草空巢穴。向幼安、宣子頂頭行，方奇特。溪峒事，聽儂説。龔遂外，無長策。便獻俘非勇，納降非怯。帳下健兒休盡鋭，草間赤子俱求活。到崆峒，快寄凱歌來，寬離别。

宋刻本後村居士集卷二十

宋李昴英和廣帥宋自牧勸駕韻

天將造榜放秋晴，南國新逢運會亨。障礙洞開來試者，計偕穩送上華京。

主人况是梅花宋，寓客漸非日色程。
面見河南已分曉，仡聆魁捷響仙城。

清刻本李忠簡文溪集卷十五

校勘記

〔一〕關於宋慈的卒去日期，學術界有不同説法，較爲普遍的看法是宋慈於淳祐九年（一二四九）卒於廣東經略安撫史任上，至於具體的卒去日期，有待史料的進一步挖掘、考證。後文同。

新儀象法要

［宋］蘇頌 撰

整理前言

蘇頌，字子容，生於北宋真宗天禧四年（一〇二〇）。唐末先世祖蘇益入閩，居泉州同安（今廈門同安），遂籍同安。父蘇紳，慶歷六年（一〇四六）卒，葬於潤州丹陽（今鎮江丹陽）。蘇頌遂謀居郡中，占籍丹陽爲鄉里。蘇頌於慶歷二年（一〇四二）進士及第，初任宿州觀察推官，知江寧、潁州、婺州等，哲宗元祐中官至右僕射兼中書門下侍郎，累爵武功郡開國侯、開國公、趙郡公。歷仕仁宗、英宗、神宗、哲宗、徽宗五朝，卒於徽宗建中靖國元年（一一〇一），年八十二，詔贈司空。事蹟具鄒浩撰故觀文殿大學士蘇公行狀、曾肇撰蘇丞相頌墓志銘及具宋史本傳。蘇頌一生好學，勤學不倦，曾任館閣校勘、集賢校理九載，宋史本傳稱，「自書契以來，經史九流百家之説，至於圖緯律呂，星官筭法，山經本草，無所不通」。其所撰述，蘇魏公集七十二卷，有傳本；本草圖經二十二卷，目録一卷，今不傳，屢爲李時珍本草綱目所引據，以爲「考證詳明，頗有發揮」。新儀象法要一卷傳於後世，爲當今海内外科技史學界所珍重。

古代中國有悠久的天文觀測與曆法編制的優良傳統，其中一項重要内容便是天文儀器的創制與持續改良。渾儀、圭表，加上漏刻，三者爲三項主要傳統天文儀器。渾儀用於測量赤道帶上二十八宿距度，以及各個時刻日月五星所在具體星度，所謂「其爲用也，以察三光，以分宿度者也」。漢武帝元封七年造太初曆，「迺定東西，立晷儀，下漏刻，以追二十八宿相距於四方，舉終以定朔晦分至、躔離弦望。」晷，日晷，亦即圭表。儀，當時稱圜儀，爲渾儀創制初期的粗略規制。幾乎與渾儀創制同時，又有渾天象的創制，其上設置黄赤道、地平等各種規環，規模制度大體與渾儀相同；或者設器擬象，制作成球形，鏤列二十八宿星象，其外再圍黄、赤二道及地平規環。渾象樣式有繁簡，大抵貫軸繞南北二極東西運轉，用以演示晝夜昏明、朔望盈虚、分至節氣、四時各節昏旦中星、日月躔離盈縮、五星遲疾順逆行度等時節天象。儀象如果以水漏及齒輪或環鏈等作爲動力裝置，就可以實現儀象運轉與實時天象同步，因此稱之爲水運渾象。蘇頌於元祐年間所制作新儀象，即爲一種混合了渾儀、渾象並以水漏作爲動力的復合型天文儀器。

一、元祐渾天儀象制作與法要纂集歷程

當蘇頌主持制造水運儀象之時，唐代李淳風、梁令瓚所造儀象法度已經基本形成。歷經北宋前期張思訓、韓顯符、周琮、沈括、歐陽發等人主持的渾儀、渾象制作與討論，儀象制作法度已臻完善，而蘇頌制作雖説多用前人舊法，但改換前人舊法者亦復不少。至於其得其失，更是一言難盡。推究其間緣由，除了蘇頌個人學識因素之外，當時朝廷針對儀象規制之議論所摻政治因素亦不可謂小。若真要理解並評價蘇頌儀象的這種特殊規制，從元祐儀象創制歷程中的某些關鍵事件説起或許能得其端倪。參考進儀象狀、宋史、宋會要、續資治通鑒長編、玉海等記述，大概可以考見其歷程。

哲宗元祐元年（一〇八六）冬十一月，蘇頌准詔旨定奪新舊渾儀。經蘇頌查驗，前朝留存下來的渾儀，翰林天文院及太史局所置及至道、皇祐渾儀都可行用，唯有沈括所造熙寧渾儀過於單薄以致難以行使。於是聖旨下到祕書省，依蘇頌考查意見施行。案：蘇頌於此前神宗元豐六年（一〇八三）遷光禄大夫，加上護軍，進開國侯，元祐元年（一〇八六）進刑部尚書。

其後，蘇頌訪問得知，吏部守當官韓公廉通九章筭術，與之説到張衡、一行、梁

令瓚、張思訓等人制作的儀象法式大綱。不久後，韓公廉撰九章鉤股測驗渾天書一卷，并造木樣機輪一座。蘇頌隨即向哲宗具奏陳述此事，並請求先創木樣進呈，差遣官員試驗，如果候測天象有準，即別造銅器。按：蘇頌於元祐二年（一〇八七）遷吏部尚書，八月又兼侍讀，則訪問得知吏部守當官韓公廉一事或在二年遷吏部尚書後。

二年（一〇八七）八月十六日詔書，如蘇頌所請，置局差官及專作材料等。

三年（一〇八八）五月，先造成小木樣，有聖旨令赴都堂呈驗。自後造大木樣，至十二月工畢。

同年造大木樣期間，奏乞差遣承受内臣一員赴局，預先指説大木樣儀法，以備宫中可能的日常詢問。十月，内侍省差遣到供奉官黄卿從。

同年閏十二月二日，大木樣完工後，得聖旨置於集英殿。

以上諸事爲蘇頌進儀象狀所述，時間上最後事及於木樣制成置於集英殿。另據續資治通鑒長編、宋會要、玉海、宋史律曆志，可知又有以下諸事。其中三件事尤爲關鍵，時間應當在蘇頌向哲宗呈上進儀象狀之前，爲進儀象狀所失載。

第一件事爲改名。蘇頌所制木樣原名「水運渾天儀」，元祐四年（一〇八九）三月八日改名爲「元祐渾天儀象」。此事見載於續資治通鑒長編：

（元祐四年三月八日己卯）詳定制造水運渾天儀所奏：「太史局直長趙齊良狀：『伏睹宋以火德王天下，所制渾儀其名水運，甚非吉兆。乞更水名，以避刑克火德之忌。』案張衡謂之刻漏儀，一行謂之水運俯視圖，張思訓所造，太宗皇帝賜名太平渾儀，名稱並各不一。今新制備二器而三用，乞特賜名，以稱朝廷制作之意。詔以元祐渾天儀象爲名。」

宋會要記述與此相同，玉海亦及趙齊良語。據此可知，元祐二年（一〇八七）專作大木樣機構，所謂「置局」，當時本名詳定制造水運渾天儀所，所制大木樣原本名亦當爲水運渾天儀。

第二件事，校驗水運渾儀木樣合天情況。續資治通鑑長編記述：

（元祐四年三月八日己卯）翰林學士許將等言：「詳定元祐渾天儀象所，被旨制造水運渾儀木樣進呈，差官試驗，如候天不差，即別造銅器。今周日嚴、苗景等晝夜校驗，與天道已得參合，臣等試驗，晝夜亦不差。」詔以銅造，仍以元祐渾天儀象爲名。

玉海、宋會要及宋史律曆十三所述相同。翰林學士許將所作木樣測驗合天報告爲三月八日，與詳定制造水運渾天儀所奏更名在同日。測驗人員除許將之外，還包括周日嚴、苗景等。據蘇頌進儀象狀，周日嚴爲太史局夏官正，苗景爲太史局局生，此二人均爲元祐二年（一〇八七）所設詳定制造水運渾天儀所的專作官員。此時許將稱「詳定元祐渾天儀象所」，則大木樣測驗報告時已在更名渾天儀象之後，而報告仍從二年八月十六日詔書所稱本名「水運渾儀木樣」。校驗合天之後，經集體討論後哲宗裁決可以鑄銅造渾天儀象。

第三件事，重定渾儀制度，並渾儀、渾象爲一體。此事見宋會要、玉海、宋史律曆志等記載，尤以宋會要所述爲詳：

其後將等又言：「前所謂渾天儀者，其外形圓，其内有璣有衡。其外形圓，即可偏布星度；其内有璣有衡，即可仰窺天象。若渾天儀則兼二器有之，同爲一器。然既言渾天，則其爲象可知。而於渾象中設璣衡，使人内窺天象，以占測爲主，故可總謂之渾天儀。今所建渾儀、渾象别爲二器，而渾儀占測天度之真數，又以渾象置之密室，自爲天運，與儀參合。若併爲一器，即象爲儀，以同正天度，則渾天儀象兩得之矣。此亦本朝備具典禮之一法也。乞更作渾天儀。」從之。（宋會要輯稿）

各種文獻記載，更作一事時間均在木樣校驗合天並經詔書准許以銅鑄造之後。更作之後儀、象合一制度，依據許將描述，與新儀象法要所述儀象制度相符，這應當是最終商討結果，並再次經詔書准許之後的元祐渾天儀象制度。（技術史家王振鐸等以爲更作者别爲一器，即今世所謂假天儀，詳見王振鐸中國最早的假天儀一文，本文不從此説。）據此，元祐二年（一〇八七）成立詳定制造水運渾天儀所時的木樣原本渾儀、渾象各爲一器，經許將等人提議更制後始合二爲一。而當時所規劃者主要就是水運渾象，下文另有討論。

現在再回來討論蘇頌進儀象狀上奏哲宗的時間，應當在許將請求更作並得到批准之後。進儀象狀中稱「備存儀、象之器，共置一臺中」，「二器皆出一機」，「今新製備二器而通三用」，其中儀象制度已從許將所議更作制度，時間在元祐四年（一〇八九）三月之後。又按：元祐五年（一〇九〇）三月蘇頌擢升爲尚書左丞，行樞密事，而進儀象狀中蘇頌官職署爲「守吏部尚書」，則進狀或當在四年討論更作制度後不久。狀文記事僅及於元祐三年（一〇八八）大木樣完工後置於集英殿一事，此後至進狀之間，所歷更名、校驗、詔書准許鑄銅，以及更作儀、象合一制度等，進儀象狀均未提及。

進儀象狀之後，所歷制作諸事可見於宋會要、玉海、宋史律曆志等，在此一並敍述。七年（一〇九二）四月二日，元祐渾天儀象完工在即，詔尚書左丞蘇頌撰渾天儀象銘。渾天儀象銘不見於蘇頌文集等現存文獻，疑已佚。又據玉海，蘇頌撰成渾天儀象銘同時，「頌又圖其形制，著爲成書，上之，詔藏秘閣」，則此時已將儀象制度以圖文形式著爲定本上進，並依詔書藏之於秘閣之中。

六月十四日，元祐渾天儀象成，詔書要求朝廷重臣即三省、樞密院官員觀閱。據南渡後紹興三年（一一三三）太史局令丁師仁所言，元祐渾天儀用銅約二萬餘斤，制成後被安置在合臺。另據宋史蘇頌本傳等，元祐七年（一〇九二）六月蘇頌進右僕射，兼中書侍郎，加官晉級，備受獎賞，可見當時元祐渾天儀象的成功。不過，不久蘇頌因爲「稽留詔命」的罪名被罷要職，八年（一〇九三）三月被貶爲觀文殿大學士、集禧觀使。

紹聖元年（一〇九四），有人提議銷毀元祐渾天儀象，緣由可能出於政治危機。朱弁曲洧舊聞：紹聖初，蔡卞以其出於元祐，議欲毀之。哲宗同意測驗後決定存毀。玉海：「紹聖元年十月十六日，詔禮部、秘省就詳定制造渾天儀象所，以新舊渾儀令判局以下同測驗，擇取其候望精密、可久施用者，具應用官吏數申尚書省。」當時太史局内部亦持論不一，「局生交訟不決」，測驗不精密亦在事理之中。當時得中書舍人林希之助，「林希言新儀精密，乃司天之法器，然舊儀用久，宜兩存之。詔宰相臨視，皆以爲然。由是新、舊兩存不廢。」

紹聖三年（一〇九六），此時元祐渾天儀象或尚在行用。六月十三日，元祐渾儀所乞修寫儀象制度、法要各一部，納尚書省、秘閣，從之。儀象制度疑爲元祐渾天儀象形制規格的圖文説明，大體相當於今新儀象法要卷上、中、下的主體部分，法要或爲其中的儀象運水法。

元符元年（一〇九八）六月二十七日，亳州知州林希上渾天儀象碑文，立石置於渾天儀象所。此前，林希爲吏部尚書時受詔命撰此碑文。

徽宗宣和六年（一一二四），宰臣王黼主持制作又一座水運渾天儀，若干制度與蘇頌元祐儀象不同，可見當時議論之差異。宋欽宗靖康元年（一一二六），金兵陷落汴京，至道儀、皇祐儀、熙寧儀、元祐儀、宣和儀，北宋五儀被輦運至金都燕京，最終於戰火中銷聲匿跡。

二、元祐儀象制度改制

在李淳風、梁令瓚渾儀制度基本定型之後，宋代渾天儀象的制作與改革達到了古代中國最爲繁盛的歷史時期。單就北宋一朝制作而言，除哲宗時蘇頌主持制造的元祐渾天儀象之外，前有太宗時張思訓所制太平渾儀、韓顯符所制至道儀、仁宗時周琮等所制皇祐儀、神宗時沈括所制熙寧儀，後有徽宗時王黼所制宣和儀；除太平渾儀不知廢棄於何時之外，其他五儀一直行用至北宋陷落之年。關於渾儀制度的記述，在蘇頌新儀象法要之前，至道儀有韓顯符自著經十卷，皇祐儀有仁宗御撰渾儀總要十卷，另有沈括渾儀議一卷，以及歐陽發所撰渾儀十卷，皆有成書，零散記述見於各家筆記者尤多。制作之勤，討論之精，古今無二。沈括渾儀議録入宋史天文志，各家成書均已亡佚，僅蘇頌新儀象法要留存於後世。新儀象法要是詳備記述中國傳統渾儀、渾象制度留存於世唯一的專書，作爲古代中國科技高峰時期的遺産爲當今世界所珍重。

全書分渾儀、渾象、水運儀象臺，爲卷上、中、下。渾儀、渾象的記述屢見於正史及宋以來筆記，元朝郭守敬渾儀制度也以後世仿制的實物形式得到保存，於世人而言並不陌生。與此相反，歷來關於渾象的水運制度多語焉不詳，新儀象法要中水運儀象臺的詳備記述可謂絶無僅有，成爲世人理解古代水運儀象制度唯一切實可靠的依據。卷下水運儀象臺包括晝夜報時機輪、水運動力及齒輪傳動裝置，以及技術説明，以水運動力激動樞輪方式及天衡作爲擒縱機構控制樞輪間歇性均勻轉動，圖文描述精準，成爲今人復原研究的有力保障。在今天的技術史家及工程師看來，新儀象法要中關於天衡控制水運方式的信息仍然不夠完整，需要以原理推測及實踐驗證來彌補。在尊重歷史與技術原理的基礎上，今人已不斷復原出與新儀象法要記述基本一致的水運儀象臺。

水運傳動方式與擒縱機構在當今世界技術史範圍内受到特別的關注，新儀象法要的價值得到極大肯定，本文不再詳述，以下主要探討元祐儀象的渾儀、渾象制度。大致而論，北宋渾儀制度在皇祐渾儀的制作以及沈括渾儀議、歐陽發渾儀等各家討論中已至革新的頂峰，蘇頌的渾儀制度設計在實用功能上幾乎無任何革新。元祐儀在渾儀上所作的重大改變，不僅在傳統渾儀制度上毫無依據，甚至在實用功能上大打折扣，實對於實際測候十分不便。蘇頌對於傳統儀象制度的解説也是閃爍含糊，自相矛盾，實在有淆亂儀象制度的嫌疑。

參究史籍對於元祐渾天儀象制作歷程中前後所經諸事，分析進儀象狀中矛盾敘述的種種表現，本文推測一個可能的解釋：蘇頌於元祐二年（一〇八七）設局之初的主要計劃僅在於制作一臺水運渾象，這種儀象與開元水運渾天儀及張思訓的太平渾儀大致相當，後來由於翰林學士許將提議並經哲宗詔書准許，并儀、象爲一，蘇頌主持的水運渾天儀不得不在制度上作出重大改變。許將提議的結構、功能上儀、象合一的渾天儀象，不僅毫無歷史依據，而且完全不符合當時的實踐功能革新思路。而蘇頌及其所領導的渾儀制度官集體成員如韓公廉等於此時不能有力駁正翰林學士許將的提議，致使提議最終得到哲宗詔書的批准，可以説是蘇頌等創制集體在學術主見及人事關係上的一個重大失敗。既經此重大改變，蘇頌在進儀象狀中對制作本意及歷史依據重新敘述，前期制作本意與後期悖謬於傳統的制度産生決裂，最終以矛盾混亂的陳述組織成文，令後來注釋者茫然。

元祐二年（一〇八七）八月設局之初本名「詳定制造水運渾天儀所」，所創制木樣本名水運渾天儀。水運渾天儀的歷史傳統自漢代張衡渾儀，唐代一行、梁令瓚開元水運渾天儀，宋太宗時期張思訓太平渾儀，即爲用於演示昏旦恆星天象的渾天象。雖然名爲「渾儀」「渾天儀」，但與用於測候之渾儀絶然有别。即使最終改從許將儀、象合一的提議，進儀象狀中關於制作意圖，蘇頌念兹在兹的仍是張衡、梁令瓚、張思訓法式的渾天象，幾乎不涉及李淳風渾儀、梁令瓚黄道游儀、韓顯符至道儀、周琮皇祐儀、沈括熙寧儀、歐陽發的元豐渾儀制度。這種渾天象的技術難點在於水運機械設計，韓公廉「造到木樣機輪一坐」，「臣觀其器範，雖不盡如古人之説，然激水運輪，亦有巧思」，關注着眼點在於水運能力。以張衡、梁令瓚、張思訓的水運渾天儀爲法式，蘇頌創制本意貫串新儀象法要始終。

玉海引述進儀象狀之末有一段文字爲今傳進儀象狀所缺，其中可見蘇頌以渾儀、渾象並行爲二的意圖。文中先述周禮中馮相氏、保章氏分職：「臣切詳周官，馮相氏掌十有二辰、十有二月、二十有八星之位，辨其叙事，以會天位；保章氏掌天星，以志星辰日月之運動，辨其吉凶，以詔救政。蓋歲、月、辰、日、星皆有方位，知其位之所在，則知其時數之常然，可考而著之於曆。此馮相氏之所掌也。若有變動非常，有繫於吉凶之應者，以時觀其象而詔其占，則保章氏掌之。蓋馮相氏考其常，所以正時而頒庶事；保章氏司其變，則決之於象而詔救政：先王分其職以爲之之意也。」隨後説到宋朝制度，太史局的治曆司與辨候司，與周禮馮相氏與保章氏分職相應：「今太史局治曆、辨候，合爲一司，緣曆術有疏密，天文有常變。治曆或疏，則不足以知其常；瞻候或惰，則不足以得其變。瞻候之家苟欲合其曆，奏報候簿，遂容不實。」從治曆司與辨候司分職最終落實到渾儀與渾象的並行合作，蘇頌提議：「近令禮部、秘書省官定新舊儀親密者一座行使，臣已行定驗，今相度且欲存留舊儀，令曆生筭步治曆得以參驗。其新造兩臺儀象，制度精巧，兼得張衡、李淳風、張思訓之制，以之瞻候，尤爲準的。」則渾儀爲太史局治曆所用，新造渾象爲太史局辨候司瞻候天象所用。渾儀與渾象的分用，正如馮相氏與保章氏的分職，蘇頌最後總結爲：「每日别行奏報，以此關互，無容苟簡，則朝廷可以坐知象緯之實，因之參酌中失而圖其舊政，庶幾不失先王馮相、保章分職之意。」蘇頌所謂「新造兩臺儀象」即爲瞻候天象所用的渾象，與治曆所用的渾儀別是一物，不容混淆。在新儀象法要渾象卷後附「四時昏旦中星圖」九幅，進儀象狀中敘述其用意：「今依月令創爲四時中星圖，以曉昏之度附於卷後，將以上備聖主南面之省觀，此儀象之大用也。」由是可見，蘇頌創制水運渾天儀的主要目的在於瞻候並演示天文異象，作爲供皇上與朝廷觀察天文災祥以便行趨吉避凶之政治措施。

蘇頌所制水運渾天儀大木樣經歷改名、核驗之後，翰林學士許將並不滿意名不符實的改名，乾脆提出將元祐水運渾天儀更制成渾儀、渾象合一的樣式。與傳統渾儀、渾象相較，蘇頌最終設計的水運渾象的最大改變在於將屬於傳統渾象的部分結構與功能轉移到渾儀上，以此實現儀、象制度的合一。

元祐渾儀上實現的最大改變，便是渾儀上增加了水運裝置天運環。於是渾儀上的三辰儀也能像渾象的主體渾象大圓球一樣作周天運轉，從而兼具渾象功能。進儀象狀中稱：「今則兼採諸家之説，備存儀、象之器，共置一臺中。」又稱：「以水激輪，輪轉而儀、象皆動。此兼用諸家之法也。」蘇頌自然知曉渾儀水運法是前無古人亦必將後無來者的設計，因爲依聖旨裁決，在此只能冒稱「諸家之法」。不過正文中就渾儀具體到零部件結構的創制與沿革敘述中，蘇頌還是道出了實情。由李淳風所定制的傳統渾儀的渾儀制度中，渾儀主體爲三重相結的圓規環，分別爲六合儀、三辰儀、四遊儀。三辰儀、四遊儀均要求自由轉動，以求得與實時天象相符合，因此均以人手轉運，自由而靈活。改制後的元祐渾天儀象制度在三辰儀上固結天運環，並通過所謂天轂與水運樞輪、天柱系統相聯，於是三辰儀便像渾象球一樣由水運推動而隨天周日西行。卷上渾儀篇：「今則全用淳風三重之制，而於三辰儀上設天運環，以水運之。水運之法，始於漢張衡，成於唐梁令瓚及僧一行，復於本朝張思訓。今又變正其制，設天運環，下以天柱、關、輪之類上動渾儀，此出新制也。」天運環篇：「天運環轉，則三辰儀與環俱動，以象天運無窮。舊三辰儀未有水運，故無此環，今創爲之。」可見水運轉渾儀，古無此制，並非「諸家之法」。

渾儀上的另一個重大改變，四遊儀上設置窺管隨天運轉，常指太陽。渾儀上這一大改變，蘇頌在進儀象狀中指爲元祐渾天儀象的創制：「渾儀則上候三辰之行度，增黃道爲雙環，環中日見全體，使望筒嘗指日，日體嘗在筒竅中，天西行一周，日東移一度。此出新意也。」卷上黃道雙環篇亦云：「黃道舊單環，外於北際見太陽，體不全見，以測半日爲法。今以望筒於黄道雙環中全見日體，若仰窺太陽，隨天運轉，則太陽適周於雙環之内。」以望筒常指日，以此展示太陽自西向東的周日運動以及每日在黄道上東行一度的周年運動，這種設計實質是將張衡、梁令瓚、張思訓渾天象上的黄道規、白道規以及日月東行演示轉移到渾儀上。然而，元祐渾天儀象對於張衡、梁令瓚、張思訓渾象上黄、白道規環及日月運行制度的因革關係，進儀象狀及新儀象法要中未置一語。就功用而論，渾儀上隨天運轉而常指日體的望筒，實質就是梁令瓚等渾象上所設黄道規環及太陽運行方式的一個變體。

在渾象球外黄、白道規環上日、月、周日、周月、周年的運轉，以水運法實現此項功能且大致與天象相合，所需技術條件之精深於宋元科技水平而言幾乎不可能。但由於忽略日、月繞轉極軸即黄極、白極與周天赤極之間的旋轉軸差異，忽略歲差及黄、白道面交點退行，忽略黄、赤道差異與赤、白道度差異，梁令瓚、張思訓、王黼、郭守敬的渾象日、月規運行可以實現日、月隨天西行同時在黄、白道上東進的粗略模擬。（劉仙洲等人復原梁令瓚渾象時在第二次修改方案中開始考慮日環、月環與渾象回轉軸的差異，並設計特殊方案加以解決，見劉仙洲機械工程發明史，北京出版社二〇二〇年，第一八二頁。此項設計無疑可以提高渾象模擬日月運行的精確度，但黄極、白極在明末西學東傳後始爲中國學者所了解，完全超出了傳統古代天文學的認知。）關於張思訓渾象制度的歷史記述中有「新制成於自然」之説，此語可能極大鼓舞了蘇頌。新儀象法要所謂「使望筒嘗指日，日體嘗在筒竅中，天西行一周，日東移一度」代表了蘇頌的熱望。如果要實現望筒嘗指日，意味着夾置在四遊儀直距之間的望筒，可以隨四遊儀繞極軸東西運轉，也可以在赤經圈上南北移動，必須具備兩個運動自由度。四遊儀周日運動與三辰儀的周日運動均爲繞極運動，可以水運法簡單實現。所模擬的太陽周年運動因爲受望筒運轉方式的限制，需要將太陽在黄道上的運動分解爲赤經與赤緯方向的兩個分量。唐宋曆法中有二十四節氣日躔表、昏旦中星漏刻表，可見各種曆法中二十四節氣太陽運行的黄道度及去極度，依據各曆提供的推每日日躔盈縮術得到每日的黄道度，再經過黄赤道度的轉换可以得到太陽周年運動每日在赤經、赤緯上的兩個分量。此項筭術雖然複雜，但爲唐宋曆家所熟悉。另外，太陽因周年運動所引起的赤道东嚮運動與赤緯方向上的南北推移的每日度數不均衡，没有簡單的綫性數量關係，古代中國的技術幾乎不可能測量。卷上四遊儀雙環篇云：「六合儀不動，以定天體；三辰儀則隨天運環動轉，以追天運；若四游儀，則有時轉動，亦追天運。」三辰儀實現的簡單周日運動以天運環等結構實現，而四遊儀追天運如何實現，新儀象法要中無任何交代。進儀象狀中高調規劃的目標，在具體設計時完全被放棄。

如此一番改制，可以説勉强實現了許將提議的儀、象合一。進儀象狀中關於元祐渾天儀象制作本意、歷史依據、制度沿革的混亂矛盾，可能正是創作之初的思路與更制之後重新敘述交互纏夾的體現。應對許將儀、象合一的更制方案，就是將原本屬於渾象上的日月規環結構挪移至渾儀上，但僅僅實現了三辰儀的周日運轉，望筒指日替代日規環的計劃落空，更別指望月規環功能的實現。在重新敘述制作本意及歷史依據時，蘇頌仍然以張衡、梁令瓚、張思訓渾象傳統爲基礎，並進行一次正名的工作。缺日月規環的渾象仍稱爲渾象，隋書所載兩秘府渾象正與此大致相同。渾儀在移開與天運環相嚙合的天轂之後，即不用水運轉動，依然可用作測候渾儀。聯結水運機輪後的三辰儀開始運轉，雖然本質還是渾象，但結構上與渾儀、渾象有別。這種新制需要一套新的名稱，需要在張衡、梁令瓚、張思訓渾象制度找到歷史依據，於是矛盾敘述自然而然發生。蘇頌將渾天象分別爲三：一曰渾天儀，如張衡渾天、開元水運銅渾；二曰銅候儀，翰林天文院與太史局所置至道儀、皇祐儀、熙寧儀；三曰渾天象，隋書志稱梁代祕府所藏宋元嘉中所造。在蘇頌元祐儀上，備二器而通三用，臺上渾儀一器，兼具測候渾儀與張衡、梁令瓚渾象上日月規環之用；臺下渾象一器，效法張衡、梁令瓚渾象但拆除日月規環。張衡、開元渾象上的日月規被規劃到渾儀上，由於望筒指日計劃落空，水運渾儀與水運渾象功用没有實質區别，備二器但並未通三用。蘇頌依然將裝上天運環後隨天運轉的三辰儀之歷史淵源上溯到張衡、梁令瓚，並命名爲渾天儀；刻意忽略張衡、梁令瓚渾象的主體，將移除日月規環後的渾象上溯至元嘉渾天儀，並稱爲渾象；而將拆除機輪後與至道儀等相當的渾儀改稱銅候儀。與此矛盾，進儀象狀又稱：「（張衡）置密室中者，渾象也。」「開元水運俯視圖，亦渾象也。」自王蕃、徐爰、李淳風分别渾儀、渾象以來，世人對於儀、象制度及儀、象二分的見解幾無異言。蘇頌在進儀象狀中對儀、象制度妄加分别、妄立名目，刻意曲解王蕃、陳苗關於儀、象之别的陳述，雖然未能取信於後人，亦足以徒增後世之疑惑，不能不令人嗟歎。

創制元祐水運渾儀時許將强勢干涉，由於蘇頌等人學術主見及政治策略的不足，遂令完美創制蒙此折損，筆者爲蘇頌深感惋惜。若不計較儀象制度上的缺陷，元祐儀的水運法及晝夜報時設計之精巧仍可令蘇頌、韓公廉等及新儀象法要流芳千古。

三、版本説明及校注例言

蘇頌上進儀象狀時，水運渾天儀已更名爲元祐渾天儀象，並從翰林學士許將提議更改爲儀、象合一之制，狀文中所述新制與新儀象法要中制度吻合，當時已成定制。進儀象狀稱：「今依月令創爲四時中星圖，以曉昏之度附於卷後，將以上備聖主南面之省觀。」可見元祐四年（一〇八九）上進儀象狀時已有新儀象法要成書隨狀文進呈，其内容與明清傳世之本應當大致相同。

元祐七年（一〇九二）四月二日，元祐渾天儀象完工在即，蘇頌撰成渾天儀象銘同時，「頌又圖其形制，著爲成書，上之，詔藏秘閣」，則此時已將儀象制度以圖文形式著爲定本上進並依詔書藏之於秘閣之中。

紹聖三年（一〇九六）六月十三日，元祐渾儀所乞修寫儀象制度、法署各一部，納尚書省、秘閣。或許元祐渾儀所請求依據秘閣藏本抄寫兩部副本，分别交付尚書省與秘閣收藏。

紹興三年（一一三三），太史局謀劃制造渾儀，「乃召蘇頌子攜，取頌遺書，考質舊法，而攜亦不能通也」。據此，除進呈本、尚書省與秘閣藏本之外，蘇頌家傳有别本，並於紹興三年爲太史局取走。

宋孝宗乾道八年（一一七二）吳興施元之刊刻新儀象法要，清初藏書家錢曾獲藏一部。讀書敏求記稱：「前列蘇頌進儀象狀。卷終二行，云：乾道壬辰九月九日吳興施元之刻本於三衢坐嘯齋。」與施元之刊刻同期，尤袤遂初堂書目著録紹聖儀象法要一部，宋史藝文志曆算類著録儀象法要一卷，注稱「紹聖中編」。此二種當爲蘇頌所撰，目爲「紹聖」，或爲紹聖三年（一〇九六）元祐渾儀所抄寫，或爲此本的傳抄本、傳刻本。是否即爲施元之所刻，不得而知。

錢曾據所得施元之刊本影摹一部，讀書敏求記稱：「此從宋刻影摹者，圖樣界畫不爽毫髮，凡數月而後成。楮墨精妙絶倫，又不數宋本矣。」今日流傳諸本皆從此出，當時錢氏摹寫之功固不小矣。

錢氏影宋本後歸於清廷内府，見録於天禄琳瑯書目。乾隆三十八年（一七七三）編纂四庫全書以錢氏影抄本爲據分抄七部收藏於文淵閣、文津閣等七閣。道光二十三年（一八四三），蘇廷玉從杭州文瀾閣抄寫一部，並據爲底本刊於福州。道光二十四年（一八四四），錢熙祚亦從文瀾閣抄出一部，以此爲底本刊於守山閣叢書中。守山閣刊本多校正文字訛奪誤衍，爲通讀佳本，後來據爲翻刻、影印者多，不列舉。

現今整理本以文津閣藏本爲底本，校以文淵閣、守山閣諸本，並參考胡維佳譯註。對於文字訛誤儘量少校少改，改動處必於校勘記中加以説明。書中配圖均爲重繪，底本原圖，尤其星圖的説明文字存在脱漏、衍誤之處，因圖幅度版面所限無法一一標注，故根據前後文意並參照宋史天文志予以徑改；圖文版式按照現代出版標准編排，与底本左文右圖相异。在原著分節基礎上進行分段、標點，儘量精當合理，以提升閲讀流暢度爲標的。所撰少量注釋，務以辨析本書文字爲主，不濫引，不剿説，不枝蔓。所失必多，識者諒之。

陳　殿

進儀象狀

臣頌先准元祐元年冬十一月詔旨定奪新舊渾儀，尋集日官及檢詳，應前後論列干證文字，赴翰林天文院、太史局兩處，對得新渾儀係至道、皇祐中置造，並堪行用；舊渾儀係熙寧中所造，環器怯薄，水趺低墊，難以行使。奉聖旨下秘書省，依所定施行。

臣竊以儀象之法，度數備存而日官所以互有論訴者，蓋以器未合古，名亦不正；至於測候，須人運動，人手有高下，故躔度亦隨而移轉。是致兩競，各指得失，終無定論。

蓋古人測候天數，其法有二。一曰渾天儀，規天矩地，機隱於内，上布經躔，以日星行度察寒暑進退，如張衡渾天、開元水運銅渾是也〔一〕。二曰銅候儀，今新舊渾儀，翰林天文院與太史局所用者是也〔二〕。又按吴中常侍王蕃云：「渾天儀者，羲和之舊器，積代相傳，謂之機衡。其爲用也，以察三光，以分宿度者也。又有渾天象者，以著天體，以布星辰。二者以考於天，蓋密矣。」詳此，則渾天儀、銅渾儀之外，又有渾天象，凡三器也。渾天象，歷〔三〕代罕傳其制，惟隋書志稱梁代秘府有之，云是宋元嘉中所造者。由是而言，古人候天，具此三器，乃能盡妙。今惟一法，誠恐未得親密。

然則張衡之制，史失其傳；開元舊器，唐世已亡。國朝太平興國初巴蜀人張思訓首創其式以獻，太宗皇帝召工造於禁中。踰年而成，詔置文明殿今文德殿是也。東鼓樓下，題曰「太平渾儀」。自思訓死，機繩斷壞，無復知其法制者。臣昨訪問得吏部守當官韓公廉通九章筭術，常以鉤股法推考天度。臣切思古人言天有周髀之術，其說曰：髀，股也。股者，表也。日行周徑里數，各依筭術。用鉤股、重差，推晷影極游以爲遠近之數，皆得表股。周人受之，故曰「周髀」。若〔四〕通此術，則天數從可知也。因説與張衡、一行、梁令瓚、張思訓法式大綱，問其可以尋究依仿製造否。其人稱若據筭術案器象，亦可成就。既而撰到九章鉤股測驗渾天書一卷，并造到木樣機輪一坐。臣觀其器範，雖不盡如古人之説，然激水運輪，亦有巧思。若令造作，必有可取。遂具奏陳，乞先創木樣進呈，差官試驗，如候天有準，即別造銅器。

奉二年八月十六日詔，如臣所請置局、差官及專作材料等。遂奏差鄭州原武縣主簿充壽州州學教授王沇之充專監造作，兼管句收支官物，太史局夏官正周日嚴、秋官正于太古、冬官正張仲宣等與韓公廉同充制度官，局生袁惟幾、苗景、張端、節級劉仲景、學生侯永和、于湯臣測驗晷景刻漏等，都作人員尹清部轄指畫工作。至三年五月，先造成小樣，有旨赴都堂呈驗。自後造大木樣，至十二月工畢。又奏乞差承受内臣一員赴局，預先指説前件儀法〔五〕。準備闕内中進呈，日有〔六〕宣問。十月入内，内侍省差到供奉官黃卿從。至閏十二月二日，具劄子取稟安立去處，得旨置於集英殿。

臣謹案歷代天文之器，制範頗多，法亦小異，至於激水運機，其用則一。蓋天者運行不息，水者注之不竭。以不竭逐不息之運，苟注挹均調，則參校旋轉之勢無有差舛也。故張衡渾天，云置密室中，以漏水轉之。令司之者閉户唱之，以告靈臺之觀天者。璇璣所加、某星始見、某星已中、某星今没，皆如符合〔七〕。唐開元中，詔浮屠一行與率府兵曹梁令瓚及諸術士更造鑄銅渾儀〔八〕。爲之圓天之象，闕。具列宿及周天度數。注水激輪，令其自轉，一日一夜天轉一周。又别置二輪絡在天外，綴以日月，令得運行。每天西轉一匝，日正東行一度，月行十二度有奇〔九〕。凡二十九轉而日月會，三百六十五轉而日行匝。仍置木櫃以爲地平，令儀半在地上。又立二木偶人於地平之前，置鐘鼓，使木人自然撞擊以候辰刻，命之曰「水運渾天俯視圖」。既成，置武成殿前，以示百僚。梁朝渾象以木爲之，其圓如丸，徧體布二十八宿三家星、謂巫咸、石申、甘德三家星圖，以青、黃、赤三色别之。黃赤道及天河等。別爲橫規環以繞其外，上下半之，以象地。張思訓渾儀爲樓數層，高丈餘，中有輪、軸、關、柱，激水以運輪。又有直神搖鈴、扣鐘、擊鼓，每一晝夜周而復始。又有十二神各直一時，時至則自執牌循環而出報，隨刻數以定晝夜之長短。至冬水凝，運行遲澀，則以水銀代之，故無差舛。又有日月星辰，皆取仰觀。案舊法，日月行度皆人所運。新制成於自然，尤爲精妙。

然則據上所述，張衡所謂靈臺之璇璣者，兼渾儀、候儀之法也。置密室中者，渾象也。故葛洪云：「張平子、陸公紀之徒，張衡字平子，陸績字公紀。咸以爲推步七曜之運，以度曆象昏明之證候。校以三八之氣，考以刻漏之分，占晷景之往來，求形驗於事情，莫密於渾象也。」開元水運俯視圖，亦渾象也。思訓準開元之法，而上以蓋爲紫宮，旁爲周天度，而正東西轉，出其新意也。

今則兼採諸家之説，備存儀、象之器，共置一臺中。臺有二隔，渾儀置於上，渾象置於下，樞機輪軸隱於中。鐘鼓時刻司辰運於輪上，木閣五層蔽於前，司辰擊鼓搖鈴執牌出没於閣内。以水激輪，輪轉而儀、象皆動。此兼用諸家之法也。渾儀則上候三辰之行度，增黄道爲單環〔一〇〕。環中日見半體〔一一〕，使望筒嘗指日，日體嘗在筒竅中。天西行一周，日東移一度。此出新意也。渾象則列紫宮於北頂，布中外官星、二十八舍周天度、黄赤道、天河偏於天體。此用王蕃及隋志所説也。又以五色珠爲日月五星，貫以絲繩，兩末以鈎環掛於南北軸。依七曜盈縮遲疾、留逆移徙，令常在見行躔次之内，晝夜隨天而旋，使人於其旁驗星在之次，與臺上測驗相應，以不差爲準。此用一行、思訓所説而增損之也。二器皆出一機，以水激之，不由人力。校之前古，疎密雖未易知，而器度筭數亦仿佛其遺象也。

又制刻漏四副。一曰浮箭漏，二曰稗漏，皆與今太史及朝堂所用畧同。三曰沈箭漏，四曰不息漏，并採用術人所製法式。置於别室，使挈壺專掌，逐時刻與儀、象互相參考，以合天星行度爲正。所以驗器數與天運不差，則寒暑氣候自正也。

虞書稱「在璇璣玉衡，以齊七政」，蓋觀四七之中星，以知節候之早晚。考靈耀曰：「觀玉儀之游，昏明主時，乃命中星者也。璇璣中而星未中爲急，急則日過其度，月不〔一二〕及其宿。璇璣未中而星中爲舒，舒則日不及其度，月過其宿。璇璣中而星中爲調，調則風雨時，庶草蕃廡，而五穀登、萬事康。」由是言之，觀璇璣者不獨視天時而布政令，抑欲察灾祥而省得失也。易曰：「先天而天不違，後天而奉天時。」此之謂也。今依月令創爲四時中星圖，以曉昏之度附於卷後。將以上備聖主南面之省觀，此儀象之大用也。

又上論渾天儀、銅候儀、渾天象三器不同，古人之説亦有所未盡。陳苗謂：張衡所造蓋亦止在渾象七曜，而何承天莫辨儀、象之異。若但以一名命之，則不能盡其妙用也。今新製備二器而通三用，當總謂之渾天。恭俟聖鑒，以正其名也。

光禄大夫守吏部尚書兼侍讀上護軍武功郡開國侯臣蘇頌上

校注

〔一〕張衡渾天，三國吴王蕃稱「渾象」，晉葛洪稱「渾象」，又稱「銅渾天儀」。又李淳風稱「渾天儀」。

〔二〕翰林天文院所用，即皇祐所造，宋史稱「黄道銅儀」，又稱「帝爲製渾儀總要十卷」，則皇祐所造本名「渾儀」。太史局所用爲至道韓顯符所造，宋史稱爲「銅候儀」，或是當時本名。

〔三〕「歷」，文津閣本、文淵閣本爲避乾隆帝名諱，均作「歴」，今改，下同。

〔四〕「若」，原作「名」，今據文淵閣本改。

〔五〕「前件儀法」，原脱，今據文淵閣本補。

〔六〕「有」，原作「闕」，今據文淵閣本補。

〔七〕張衡渾天儀制度，見晉書天文志、隋書天文志所引葛洪説。據葛洪述，李淳風以爲「張衡所制，止在渾象七曜」，沈括以爲「所謂渾象，非古之璣衡也」。李、沈説見隋書天文志、宋史天文志。

〔八〕「儀」，原脱，今據文淵閣本補。

〔九〕十二度，兩唐書天文志作「十三度」。

〔一〇〕單環，「三辰儀」有黄道雙環，則「單」當爲「雙」。

〔一一〕半體，「黄道雙環」節云「今以望筒於黄道雙環中全見日體」，則「半體」當爲「全體」。

〔一二〕「不」，原脱，今據文淵閣本補。

渾儀

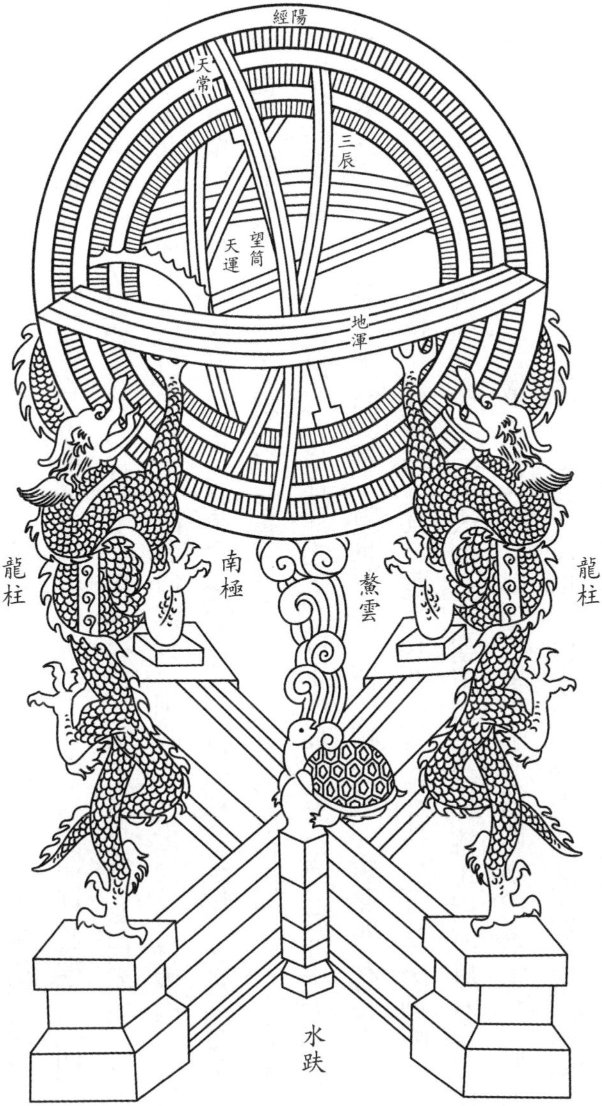

右渾儀。其制，爲輪三重。一曰六合儀，縱置於地渾中，即天經也。與地渾相結，其體不動。二曰三辰儀，置六合儀内。三曰四游儀，置三辰儀内。曰六合者，象上下四方天地之體也。曰天經者，對地渾也。又名陽經環者，以地渾爲陰緯環，對名也。又植四龍柱於渾下之四維。各繞以龍，故名曰龍柱。又置鼇雲於六合儀下。承以雲氣，雲下有鼇座，名曰鼇雲。又四龍柱下設十字水趺。鑿溝通水道以平高下，故名曰水趺。别設天常單環於六合儀内。又設黄道雙環、赤道單環，皆在三辰儀内，東西相交，隨天運轉，以驗列舍之行。又爲四象環，附三辰儀，相結於天運環、黄赤道兩交。又爲直距二，縱置於四游儀内，北屬六合儀地渾之上，以正北極出地之度；南屬六合儀地渾之下，以正南極入地之度。此渾儀大形也。

直距内夾置望筒一，筒之半設關軸，附直距上。使運轉低昂，窺測四方之星度。

李淳風制六合儀、三辰儀、四游儀，凡三重。六合儀有金渾緯規，其法劉曜時孔挺所增。四游儀，即舜「璿璣玉衡」之遺法也。本朝至道中韓顯符止用淳風六合、四游儀，移三辰儀黄赤道安於六合儀，如孔挺之説。逮皇祐中，復徙黄赤道附於三辰儀。今則全用淳風三重之制，而於三辰儀上設天運環，以水運之。水運之法始於漢張衡，成於唐梁令瓚及僧一行，復於本朝張思訓。今又變正其制，設天運環，下以天柱、關、輪之類上動渾儀，此出新製也。

六合儀

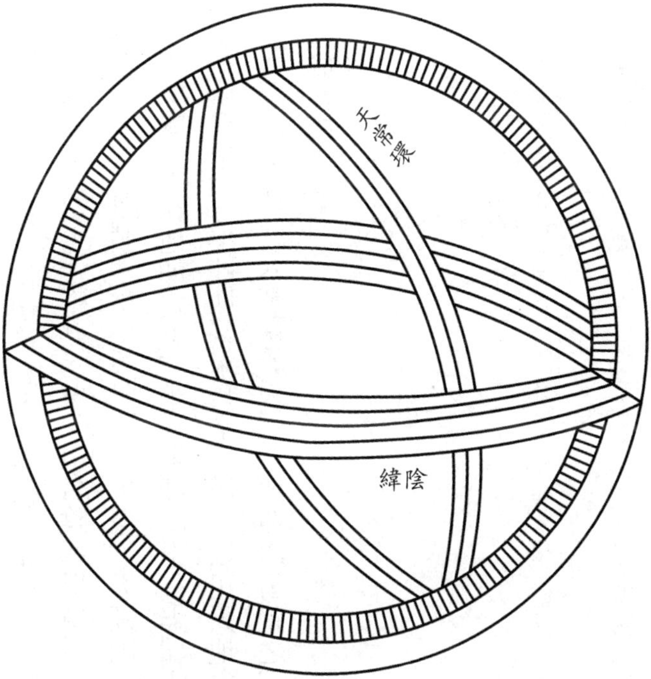

右六合儀。其制，有天經，有地渾，有天常環。天經，即雙規也。古制止言外雙規〔一〕，李淳風始有六合之名。梁令瓚名陽經雙規，韓顯符名天經雙規，元豐復曰陽經雙規〔二〕。地渾之制，梁名單横規〔三〕，李淳風名金渾緯規，梁令瓚名陰緯單環，又謂之陰渾，韓顯符名地盤平準，皇祐周琮及元豐所制與今儀復曰陰緯單環。天經則縱置，地渾則横置。天經環兩面各布列周天度數，半在地渾之上，半在地渾之下。地渾環面已上爲天，其下爲地，其南北與天經環相屬持之。地渾面鑿渠爲平水溝，以正天地之高下。於環内布列八干、四維、十二辰位，以象地。天常環於天經、地渾内銜置之，環側布列十有二時與時初正之分刻，以成百刻之數。

校注

〔一〕雙規，此據隋書天文志所述孔挺及晁崇渾儀制度。

〔二〕宋史律曆志載元豐五年王安禮言詳定渾儀官歐陽發所上渾儀木樣，制度不具，僅見於蘇頌新儀象法要所稱述。

〔三〕梁名單横規，即梁華林重雲殿前銅儀制度。此是劉曜光初六年南陽孔挺所造，後爲宋高祖劉裕所得，繼歸於梁。

三辰儀

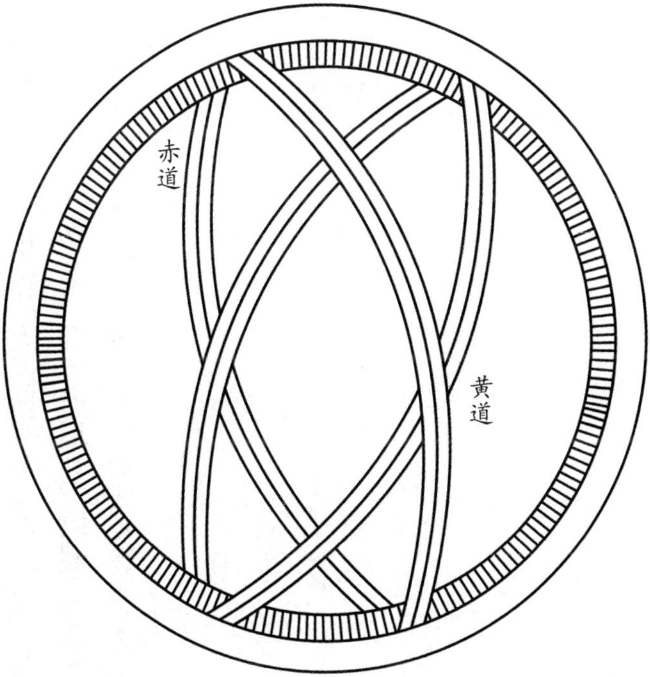

右三辰儀。其制，爲雙環，在陽經環内。兩環面各布周天度數，環内附帶黄道、赤道。今又新置四象環，附於三辰儀，相結於天運環、黄赤道兩交。及天運環，近南極下與鰲雲内牙軸相銜。若鰲雲中天柱動〔一〕，則天運環動，以轉三辰儀輪。古無此儀，李淳風造黄道儀始置之，僧一行、梁令瓚因之。周琮造渾儀與元豐儀及今儀，皆循用之。

校注

〔一〕按此鰲雲中天柱爲「鐵樞軸、天柱、天轂」節所記長丈九尺五寸之天柱，而非「運動儀象制度」所記植於臺内之四天柱。

四游儀

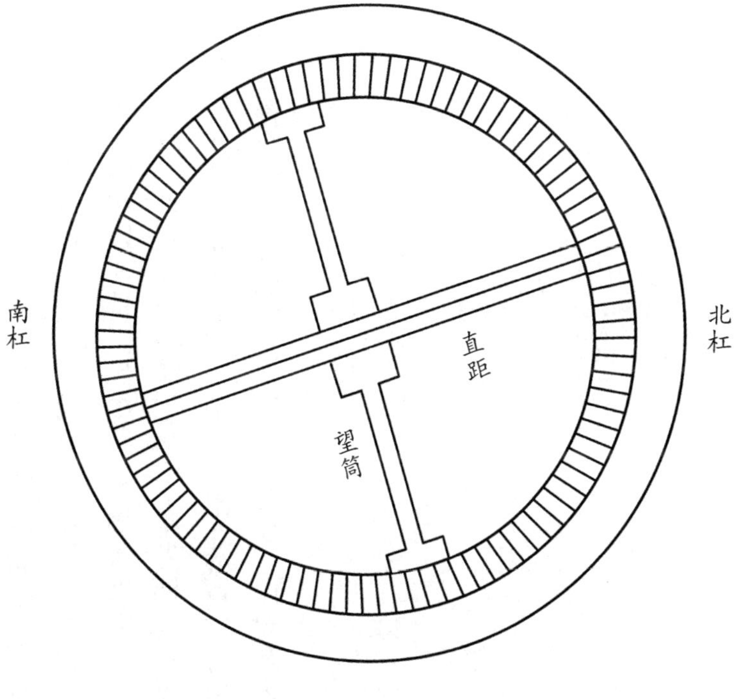

右四游儀。舜典曰璿璣，或曰璇璣。梁曰雙環規，李淳風曰四游儀，梁令瓚曰璇樞雙環，韓顯符曰游規，周琮及元豐所制并今儀復曰四游儀。其儀，爲雙環，在三辰儀內。南北各有杠，夾於雙環，各有軸竅以運杠。環兩面各布周天度數。直距在雙環內，連環體屬於六合儀南北極之杠軸內，直北上屬北極，直南下屬南極。置望筒於直距內，其半以關軸夾持之，使得運轉。凡游儀東西運轉，則望筒南北低昂。故游儀運動無所不至，而望筒隨游儀所至。又置半筒，以備測天運環相對之星，以窺知天象。

天經雙環

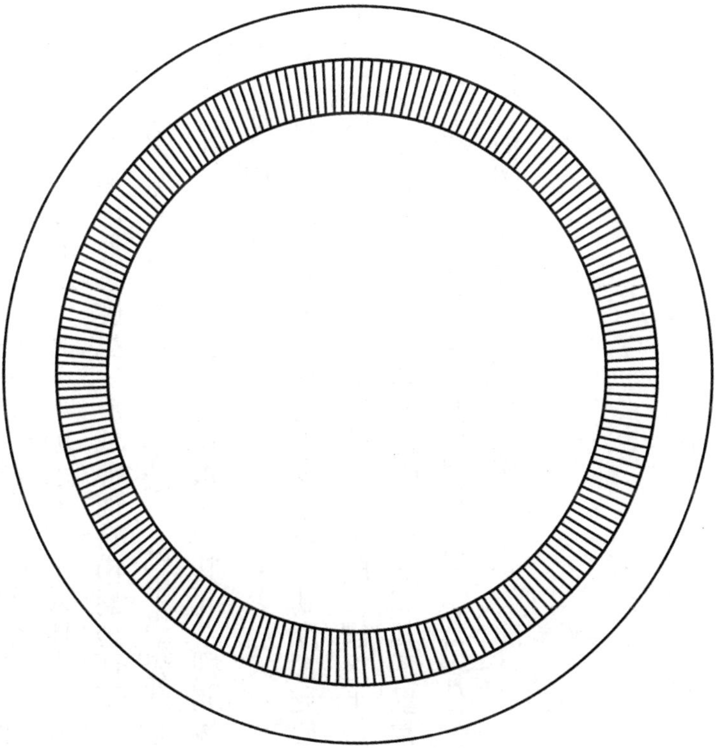

右天經雙環。兩環各直徑七尺七寸七分，闊五寸，厚八分，與地渾單環相結於子午、午正。環兩面各列周天三百六十五度有畸。其環半出地上，半入地下。於地渾面自北扶天而上三十有五度少弱，則北極出地之度也。於地渾面自南屬地而下三十有五度少弱，則南極入地之度也。環内當南北極爲樞孔，夾置杠軸。軸末出環外，各爲臍二層，以安三辰、四游之杠。内各爲孔，與直距内望筒之孔相通。其北，則北極出地之度自此而止也。其南，則南極入地之度自此而止也。

北極出地三十有五度少弱，四迴而運之，凡七十度半弱。其度常見於地上則爲紫微垣，其星凡三十有七，其數一百八十有三，於四時常見不隱，謂之上規。南極入地三十五度少弱，四迴而運之，凡七十度半弱。其度常隱於地下，其下星常隱而不見，謂之下規。上下規間一百一十有二度，則黄道、赤道内外宫也，其星凡二百四十有六，其數一千二百八十一，則近日而隱，遠日而見，謂之中規。

陰緯單環

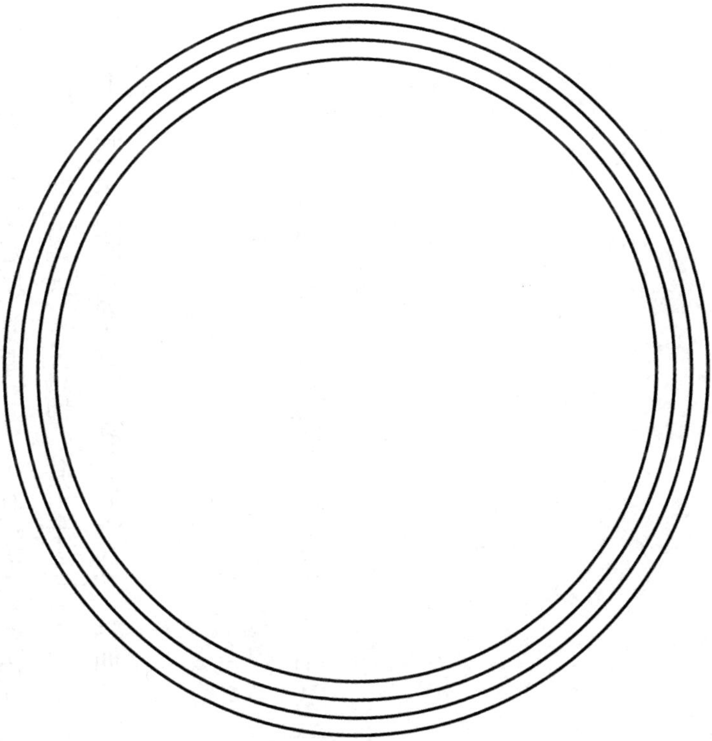

右陰緯單環。其直徑與闊，如陽經環之度，其厚二寸半。其環與陽經南北子、午相銜，陽經當陰緯環上下之半。故陰緯環面上爲天，下爲地，其上下各一百八十二度有畸。環面鑿爲平水溝，通流以爲準。其環内向布列八卦、維、辰之位，具如前説〔一〕。

校注

〔一〕按梁令瓚陰緯單環面上爲周天百刻，爲沈括渾儀議駁正。今蘇頌儀象制度及皇祐渾儀於陰緯單環上布列地平二十四向方位，極是。

天常單環

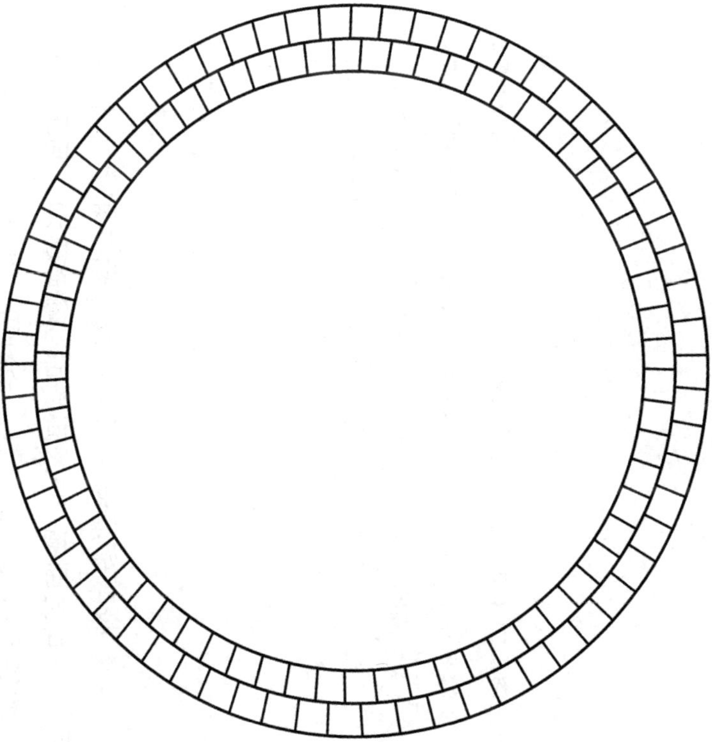

右天常單環。其直徑六尺七寸七分，闊九分，厚五分。其環入陽經、陰緯環裏，古人以鳥轂〔一〕之裏黄況之。内與三辰儀重置，居赤道之表。環面列有十二時、晝夜百刻，以揆時刻之度，具如前説〔二〕。古無此環，周琮等造三重儀始置之〔三〕。元豐儀因之，今新儀循用。

校注

〔一〕「轂」，文淵閣本、傅斯年圖書館藏本均作「殼」。

〔二〕按梁令瓚之制時刻分布於地渾上，皇祐儀、熙寧儀並改設於天常環，蘇頌元祐儀因之爲是。

〔三〕李淳風以天經雙規、金渾緯規、金常規三者相結爲六合儀，金常規即當此天常單環。梁令瓚以天頂單環與陽經雙環、陰緯單環三者相固而爲六合儀，以天頂環代天常環。據此，則不可謂「古無此環」。

三辰儀雙環

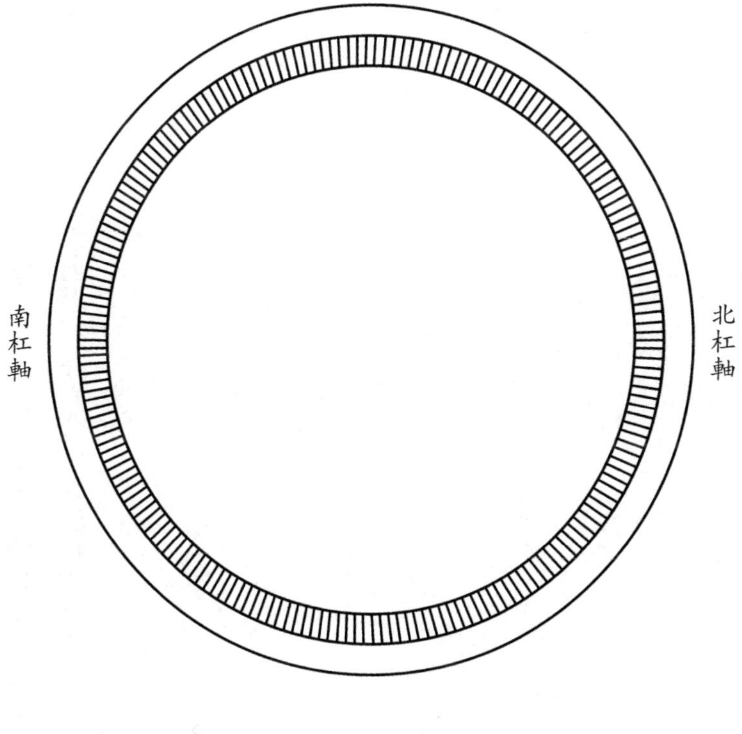

右三辰儀雙環。其直徑六尺四寸八分，闊一寸八分，厚七分。兩面各列周天三百六十五度有畸。内帶黄赤道，下帶天運環，在六合儀内轉動不息。

赤道單環

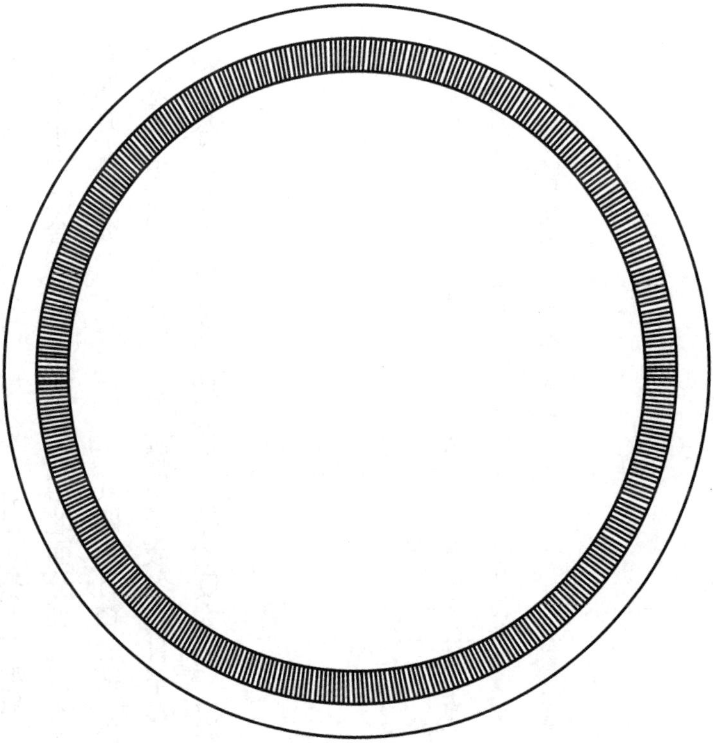

右赤道單環。其直徑六尺三寸，闊九分，厚六分。其環結於三辰儀内，横絡天腹，謂之中極，以格黄道，外則正與六合儀天常環相對。環北面分列二十八舍周天之度，内列二十有四氣、六十有四卦，環外列七十有二候〔一〕。其四正日躔之宿，舊據曆法推步。今以新儀考測，知日躔與今天道差違凡三度。蓋元豐甲子歲冬之日至在赤道斗三度，夏之日至在井九度少弱，春分日在奎初度强，秋分日在軫七度太弱。定爲四正之宿，占測七政，以叶天度〔二〕。

校注

〔一〕按皇祐儀，二十四氣、六十四卦、七十二候、三百六十策均分布於黄道環，當從。

〔二〕元豐儀象制度及星度測驗，史書多不載，其詳不可知。其略見於蘇頌書，如本節元豐甲子日躔四正星度，又如「四時昏曉加臨中星圖」節稱「今」者是元豐所測見今星度也，殊可寶貴。

黄道雙環

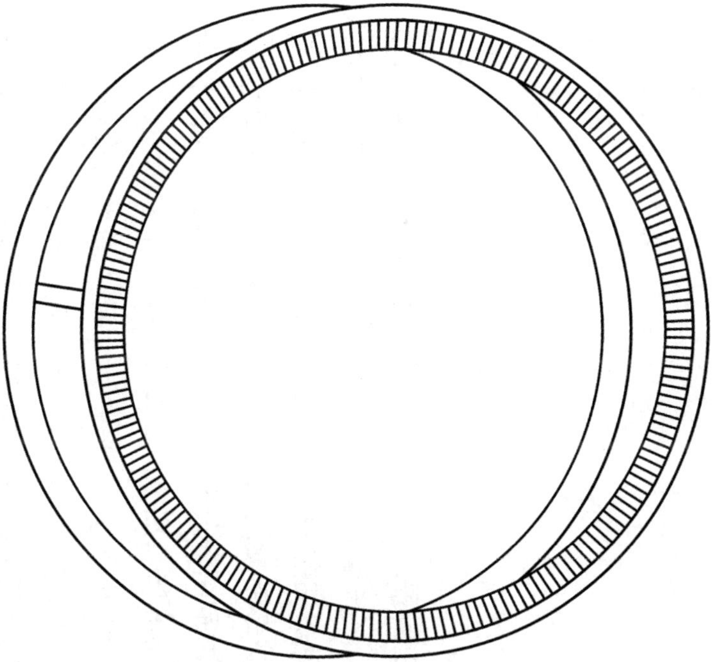

右黄道雙環。今所創也。其直徑、闊、厚如赤道之數。環面列周天之度，與赤道同。其環結於三辰儀，與六合儀相疊，以定南北極。則黄道正在三辰儀南北，其東西與赤道相結。黄道出赤道外二十四度弱，去極一百一十五度少弱，爲冬至。黄道入赤道内二十四度弱，去極六十七度半弱，爲夏至。其東西與赤道相交，去極各九十一度少弱，爲春秋二分。冬夏二至，春秋二分，謂之四正。太陰、五星出入皆循其道，各有度數。

古制雖〔一〕有赤道，後漢和帝時知赤道與天度頗有進退，詔賈逵始置雙道。李淳風、一行、梁令瓚、韓顯符、周琮，熙寧、元豐儀又因之，今新儀循用不改。惟顯符徙黄道附於六合儀。黄道舊單環外，於北際見太陽，體不全見，以測半〔二〕日爲法。今以望筒於黄道雙環中，全見日〔三〕體。若仰窺太陽，隨天運轉，則太陽適周於雙環之内。

校注

〔一〕「雖」，據文意當作「惟」。

〔二〕「不全見，以測半」，原爲雙行小字。

〔三〕「中，全見日」，原爲雙行小字。

四象單環

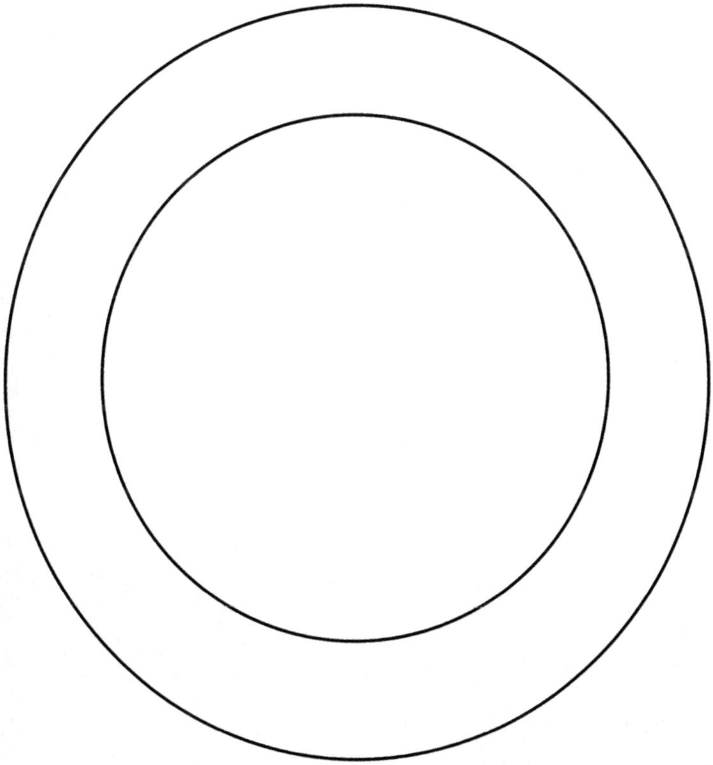

右四象單環。今之所創也。附於三辰儀南北極末，與南天運環、黄赤道東西交相結。令兩交無低墊之患，隨天運環運轉，與天符合。

天運單環

右天運單環。亦今所創也。附於三辰儀，居黄道之南。環外周設四百七十八牙距，下與鰲雲中天轂相銜〔一〕。其最下動樞輪軸一牙，上動天柱一牙距，乃上轉天運環一距。天運環轉，則三辰儀與環俱動，以象天運無窮。舊三辰儀未有水運，故無此環，今創爲之。其四百七十八牙距，即倣用周天度分之法。

一本云：其直徑四尺一寸四分半，闊一寸九分，厚七分。附於三辰儀，居黄道之南。環外周設六百牙距。云云。其六百牙距，即倣用元豊新浮漏六百分之法。

校注

〔一〕據「三辰儀」節，若鰲雲中天柱動則天運環動。又「鰲雲」節：皆中空，内隱天柱，上屬天運環。據此，則貫鰲雲中空者爲天柱。又據「鐵樞軸、天柱、天轂」節，天柱之上端爲天柱上輪，所以帶動天轂。天轂有前後天轂，同貫一軸，前天轂與三辰儀上天運環相銜，後天轂與天柱上輪相銜。天柱上輪動則後轂動，後轂動則前轂動，前轂動則天運環動。

四游儀雙環

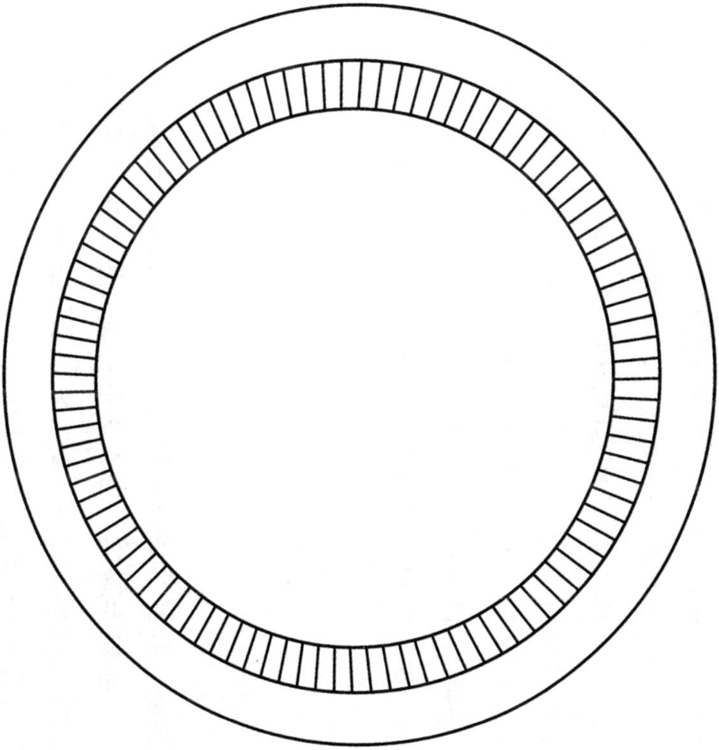

右四游儀雙環。直徑六尺，闊一寸七分。兩旁外唇厚六分半，内唇半隱起二分，共厚八分半。即舜典所謂「璇璣」也。環兩面布周天三百六十五度有畸。其環外與六合、三辰儀三重相疊。其南北端兩極内置直距，直距中夾横簫，使南北低昂。六合儀不動，以定天體。三辰儀則隨天運環動轉，以追天運。若四游儀則有時轉動，亦追天運〔一〕。以横簫窺測，無所不至。

校注

〔一〕按「黄道雙環」節：「今以望筒於黄道雙環中，全見日體。若仰窺太陽，隨天運轉，則太陽適周於雙環之内。」又「望筒直距」節：「望其上孔，適周日體。」據此，窺測太陽之望筒即四游儀之望筒。三辰儀象天，一日一周。太陽隨天西行，一日不及一度，與三辰儀運行常有差。又進儀象狀稱：「使望筒常指日，日體常在筒竅中，天西行一周，日東移一度。此出新意也。」據此，四游儀中望筒每日隨天西行，常不及三辰儀一度。本節所言「若四游儀則有時轉動，亦追天運」，蓋爲此事。然四游儀不與天柱動輪相銜，仍需人手轉運，與進儀象狀所謂「舊法」同。所謂「新制成於自然」，「不由人力」者，固虚妄之言。

望筒直距

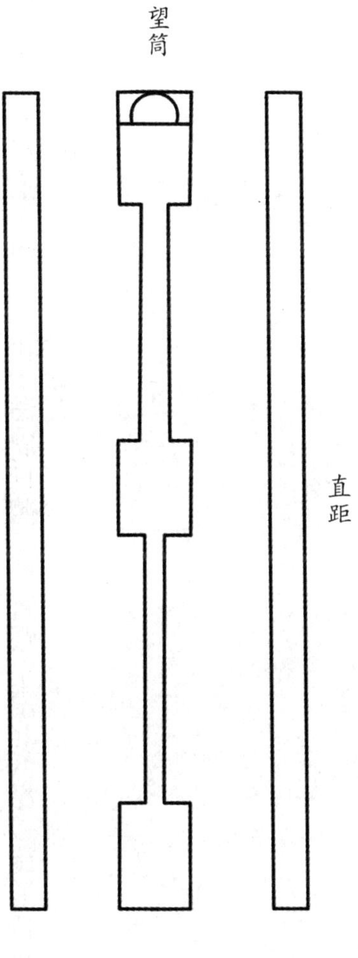

右直距二，望筒一。直距各長五尺六寸六分，闊一寸六分，厚八分。安四游儀中，上屬北極，下屬南極。中施關軸，以夾望筒。望筒，即舜典所謂「玉衡」也，亦謂之「横簫」，李淳風曰玉衡，梁令瓚曰玉衡望筒，韓顯符曰窺管，周琮及元豐所制并今新儀復曰望筒。中空長五尺七寸四分，方一寸六分。其兩首各爲方掩，方一寸七分。方掩中各爲圜孔，孔徑七分半。望其上孔，適周日體。於直距中南北低昂，旋運持正，窺測七曜與列宿距度之遠近。

龍柱

右四龍柱。各高七尺七寸。每柱植於十字水趺之末，上屬陰緯環之四維，而上下各以一龍繞之。案舊法，其勢端直，映蔽四維〔一〕。今因元豐製作，爲曲抱之勢，使人立其下，便於窺測。

校注

〔一〕隋書天文志記北魏渾儀四柱：南北柱曲抱雙規，東西柱植立。

鼇雲

右鼇雲。其高四尺。下植於水趺十字之心，飾以雲氣；上承六合儀，令無墊墜，承以鼇坐，故曰鼇雲。皆中空，内隱天柱，上屬天運環。古制無鼇雲，後魏永興中詔造候部鐵儀，於水平上以龜負雙規。韓顯符不用。元豐儀、周日嚴等設鼇雲於水趺之上，今新儀因之。其内隱天柱，上屬天運環，乃新製也。

水趺

右十字水趺。後魏曰十字水平〔一〕，植立四龍柱。李淳風曰準基，末植鼇足，以張四表。梁令瓚曰水平槽，韓顯符復曰十字水平，元豐所制并今新儀復曰水趺。其制，各長一丈四寸，高七寸五分，闊八寸四分。十字置之，中鑿水道，深一寸五分。相通以行水，視水平則高下正矣。四末爲水斗，外各方一尺二寸，高下與水趺等。鑿方孔，以受四龍柱於水斗中。其十字之會開天門，方二寸，自下樞軸運天柱，由鼇雲中上屬六合儀雙環。水趺舊無天門，今創爲之，以度天柱，上撥天運環，動三辰儀。

校注

〔一〕「平」，原作「中」，據下文及隋書天文志改。

新儀象法要卷中

渾象

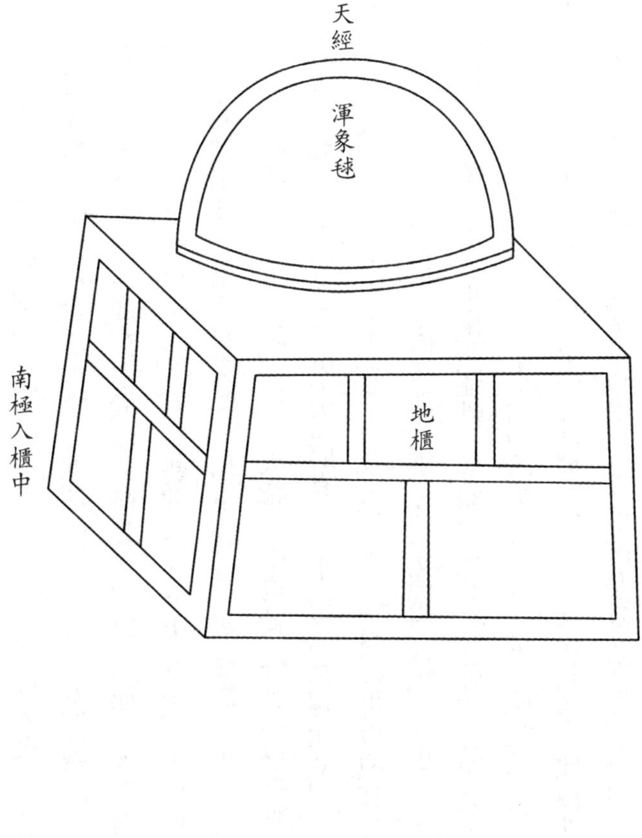

右渾象一座。太史舊無，今倣隋制增損製之。上列二十八宿、周天度，及紫微垣、中外官星，以俯視七政之運轉。納於六合儀天經、地渾內，周以一木櫃載之。其中貫以樞軸，軸南北出渾象外。南長北短。地渾在木櫃面，横置之，以象地。天經與地渾相結，縱置之，半在地上，半隱地下，以象天。其樞軸北貫天經上杠中，末與杠平；出櫃外三十五度少弱，以象北極出地。南亦貫天經，出下杠外；入櫃內三十五度少弱，以象南極入地。就赤道爲牙距四百七十八牙，以銜天輪，隨機輪之地轂以運動。

按隋志云：「渾天象者，其制有機而無衡。梁末秘府有，以木爲之，其圓如丸，其大數圍，南北兩頭有軸，遍體布二十八宿、三家星、黄赤二道及天漢等。别爲横規以抱其外，高下半之，此謂抱，規抱渾象。高下謂之半。以象地。南軸頭入地，注於南植。植，柱也。以象南極。北軸頭出於地上，注於北植，以象北極。正東西運轉，昏明中星既其應度，分至氣節亦驗，在不差而已。」今所製大率倣此，並約梁令瓚、張思訓法别爲日月五星，循繞三百六十五度，隨天運轉。又王蕃云：「渾象之法，地當在天內，其勢不便。故反觀其形，地爲外郭，而已解者無異在內。詭狀殊體，而合於理，可謂奇巧也。」今地渾亦有渾象外，蓋出於蕃法也。

一云：以象南極入地。别設天運輪一，側置渾象南，其轂貫南樞軸之末，其軸爲牙距六百，以銜天軸。軸下接天輪，隨機軸之地轂以運動。

渾象六合儀

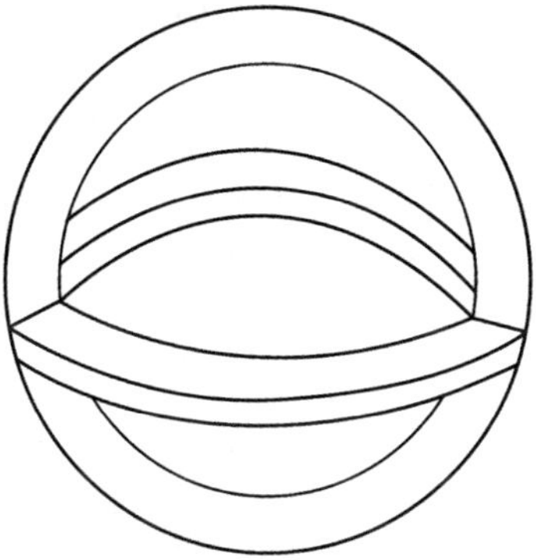

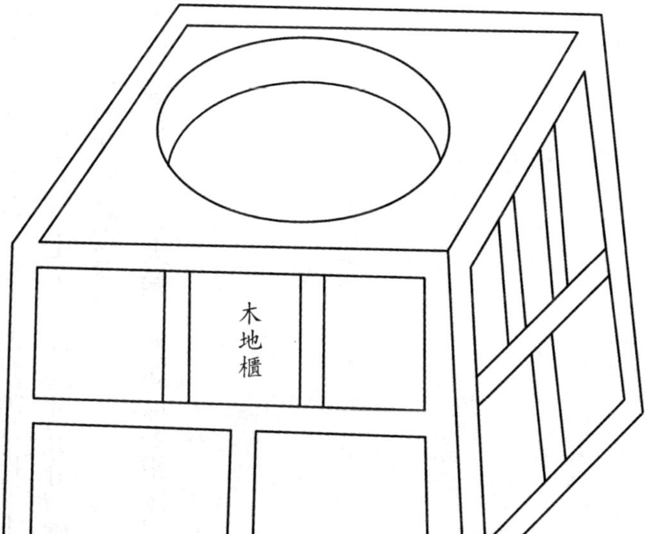

右渾象六合儀。其制，有天經雙規，地渾單環。雙規直徑五尺四寸七分，厚八分，縱置木櫃中〔一〕。單環直徑五尺四寸七分，闊三寸七分，厚一寸五分，横置木櫃面。渾象納其中，半隱地下，半出地上，以視南北極之高下。

右渾象木地櫃一。以安渾象及天經、地渾。内置天輪，與赤道牙相接，隨天輪運轉。

校注

〔一〕「中」，原作「小」，據文意當爲「中」，守山閣本亦作「中」。

渾象赤道牙

一本有「天運輪」，無「赤道牙」。

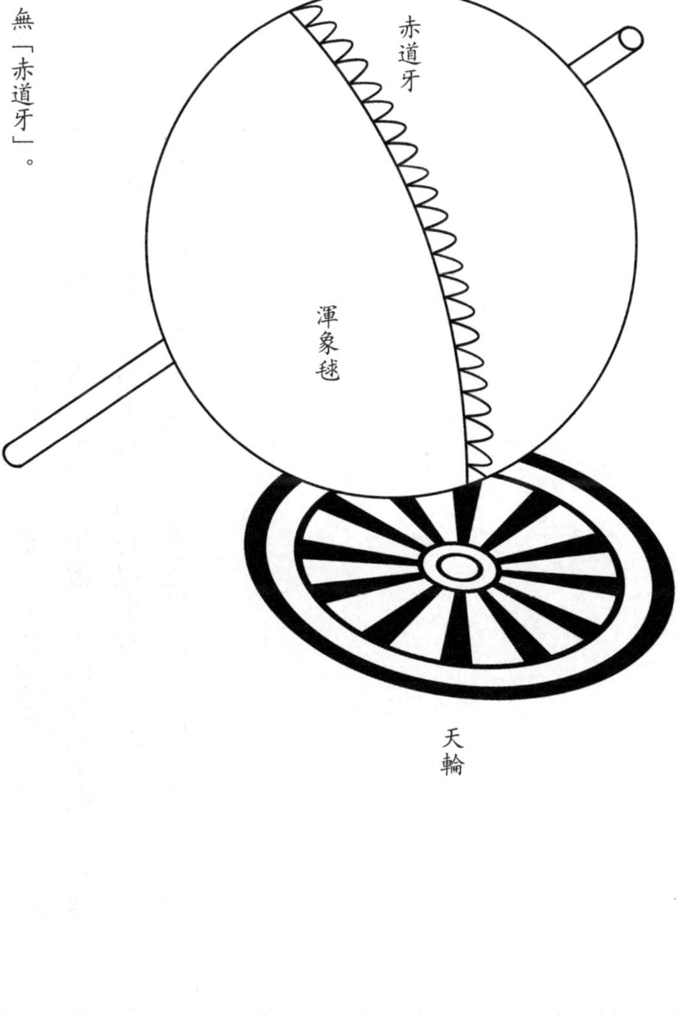

右渾象赤道牙一。渾象體正圓如毬，徑四尺五寸六分半。上布周天三百六十五度有畸，中外官星其名二百四十六，其數一千二百八十一。紫微垣在渾象北上規，星其名三十七〔一〕，其數一百八十三。二項總名二百八十三，星數一千四百六十四。東西繞以黃赤二道，二十八舍相距於四方，日月五星所行。中貫以樞軸，南北置之。赤道牙與天輪相銜，候天輪動，則與渾象俱轉。其天度、星舍等及黃赤道、日月五星所行，周旋渾象，各有名數、距度、次序、標道。

校注

〔一〕「七」下原衍「度」字，據文淵閣本並傳斯年圖書館藏本刪。

右紫微垣星圖一。凡三十七名，一百八十三星。布列渾象之北上規，所以正天地之南北也。北斗七星在垣内，所以正四時也。

史志曰：中宫北極五星，鈎陳六星，皆在紫宫中。北極，北辰之最尊者也。其細星，天之樞也。天運無窮，三光迭曜，而極星不移，故曰「居其所而衆星拱之」。舊説皆以紐星即天極，在正北，爲天心不動。今驗天極亦晝夜運轉，其不移處乃在天極之内一度有半。故渾象杠軸正中置之不動，以象天心也。自天極外，諸星皆隨渾象運轉，以象列宿隨天左旋也。天有二十八宿，爲十二次舍，布列四方三百六十五度有畸，而天極亦具其數。古人所謂天形如蓋，即天心爲蓋之杠軸，列舍如蓋之橑輻。分布十二次舍之度數，紫微宫近天極，故狹而密；列舍布四方，故闊而疎也。

北斗七星，所謂「璇璣玉衡，以齊七政」者也。魁四星爲璿璣，杓五星爲玉衡。杓攜龍角，杓，斗柄也。龍角，東方星。攜，連也。衡中南斗，衡，斗中央之星也。魁枕參首。斗第一星爲魁。用昏建者杓，斗第七星爲杓，斗之星也。夜半建者衡，假令杓昏建寅，則夜半衡亦建寅。平旦建者魁。斗爲帝車，運於中央，照臨四海。分陰陽，建四時，均五行，移節度，定諸紀，皆繫於斗。故揚子雲云：「日一南而萬物死，謂夏至已後，日第南陸。一反南道，群陰漸長，萬物所以死也。日一北而萬物生。謂冬至已後，日窮北陸。一反北道，群陽漸長，萬物所以生也。斗一北而萬物虚，謂立冬已後，斗杓建亥。自亥之後，陰主於時，萬物以斂，故曰虚。斗一南而萬物盈。謂立夏已後，斗杓建巳。自巳之後，陽主於時，萬物華盛，故曰盈。日之南也，右行而左還；斗之北也，左行而右還。一日則迎天右行，謂春行西方，歷七星而南；秋行東方，歷七星而北。始行西方，故云右行也。還從東方，故云左還也。斗則隨天而行，春指東方，歷三辰而南；秋指西方，歷三辰而北。始指東方，故云左行也。還從西方，故云右還也。由是言之，天形無垠，晝夜不息。所以分節候，運寒暑，日與斗建相推移於上，而成歲於下也。

所以著於圖象者，欲俯仰之，參合先天而趨務也。故人君南面聽天下，常視四七之中星，察玉衡之杓建，考日躔之南北，順天時而布民政，自唐虞以來莫不尚之。然則渾象，人居天外，故俯視之。星圖，人在天裏，故仰觀之。二者相戾，蓋俯仰之異也。其下中外官星亦倣此。

校注

〔一〕原書目録中無「之」字。

右渾象中外官星圖二。凡二百四十六名，一千二百八十一星，分布於四方，周遍天體。惟南極入地，常隱不見，紫微宫常見不隱。餘星近日而伏，遠日而出，四時互見。二十八宿爲十二次、三百六十五度有畸，日、月、五星之所舍也。

史志曰：東宫蒼龍，謂角、亢、氐、房、心、尾、箕七宿。其形如龍，在東方，故曰蒼龍也。南宫朱鳥，謂東井、輿鬼、柳、七星、張、翼、軫七宿。其形如鶉鳥，在南方，故曰朱鳥也。西宫咸池白虎，謂奎、婁、胃、昴、畢、觜觿、參。爲白虎，在西方，故曰白虎也。北方玄〔二〕武，謂南斗、牽牛、女、虚、危、營室、東壁。有龜蛇體，在北方，故曰玄武也。凡星皆隨天左旋，日、月、五星常違天右轉。昏曉於是乎正，寒暑於是乎生，歲時於是乎成。

所以著於渾象者，將以俯察而知七政行度之所在也。著於圖者，將以仰觀而上合乎天象也。星有三色，所以别三家之異也。出於石申者赤，出於甘德者黑，出於巫咸者黄。紫宫諸星，亦同出三家。中外官與紫宫星，總二百八十三名，一千四百六十四星。漢志所載紫宫及中外官星才百一十八名，積數七百八十三星。至晉武帝時太史令陳卓總三家所著星圖，方具上數，至今不改。然則施於渾象者，惟天極、北斗、二十八舍，爲占候之要。其餘備載者，所以具上象之全體也。

校注

〔一〕「圖」，原脱，今據前後諸節圖名補。

〔二〕「玄」，文津閣本、文淵閣本爲避康熙帝名諱，均作「元」，今改，下同。

渾象東北方中外官星圖

星名一百二十九，其數六百六十六。

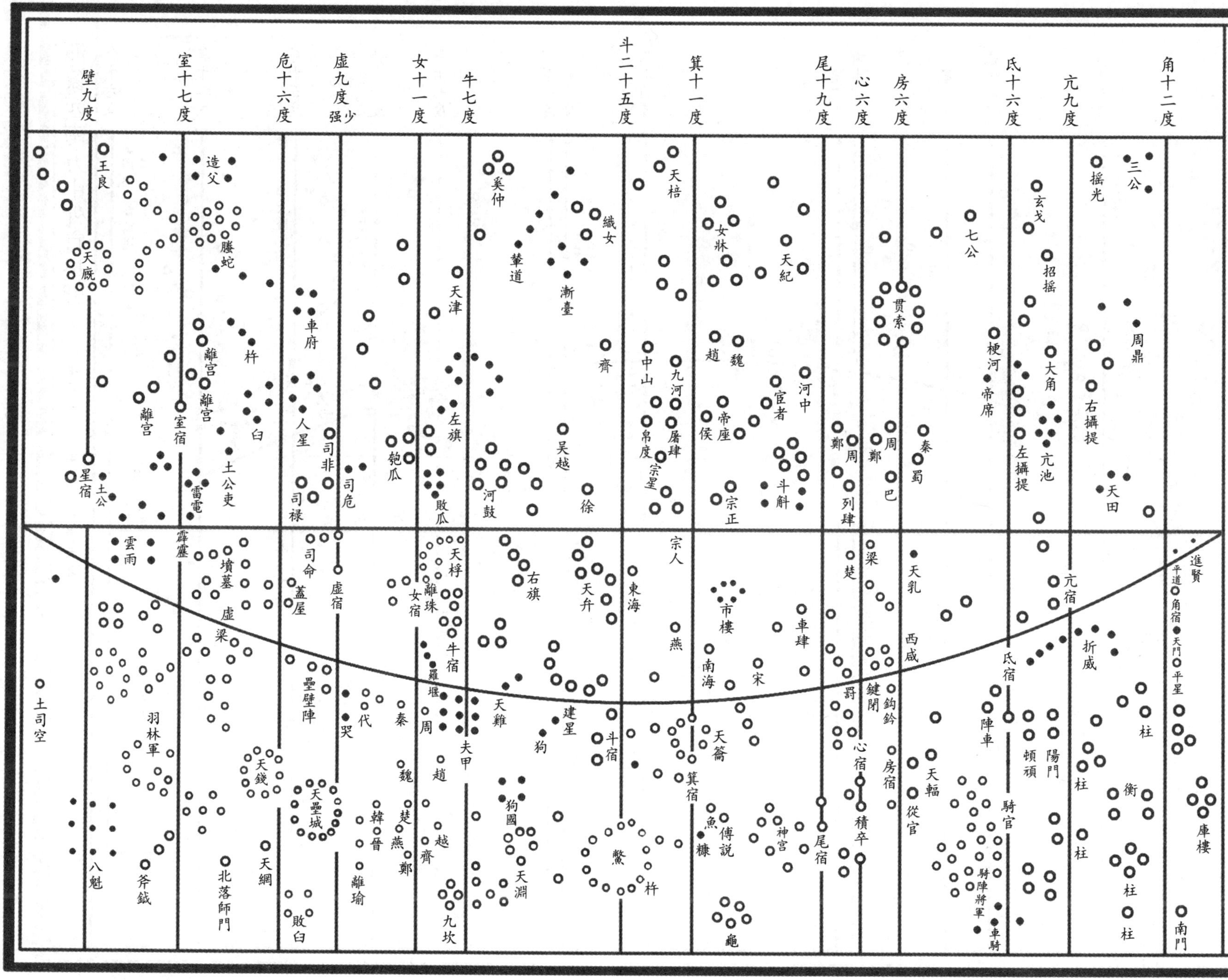

渾象西南方中外官星圖（二）

星名一百一十七，共數六百一十五。

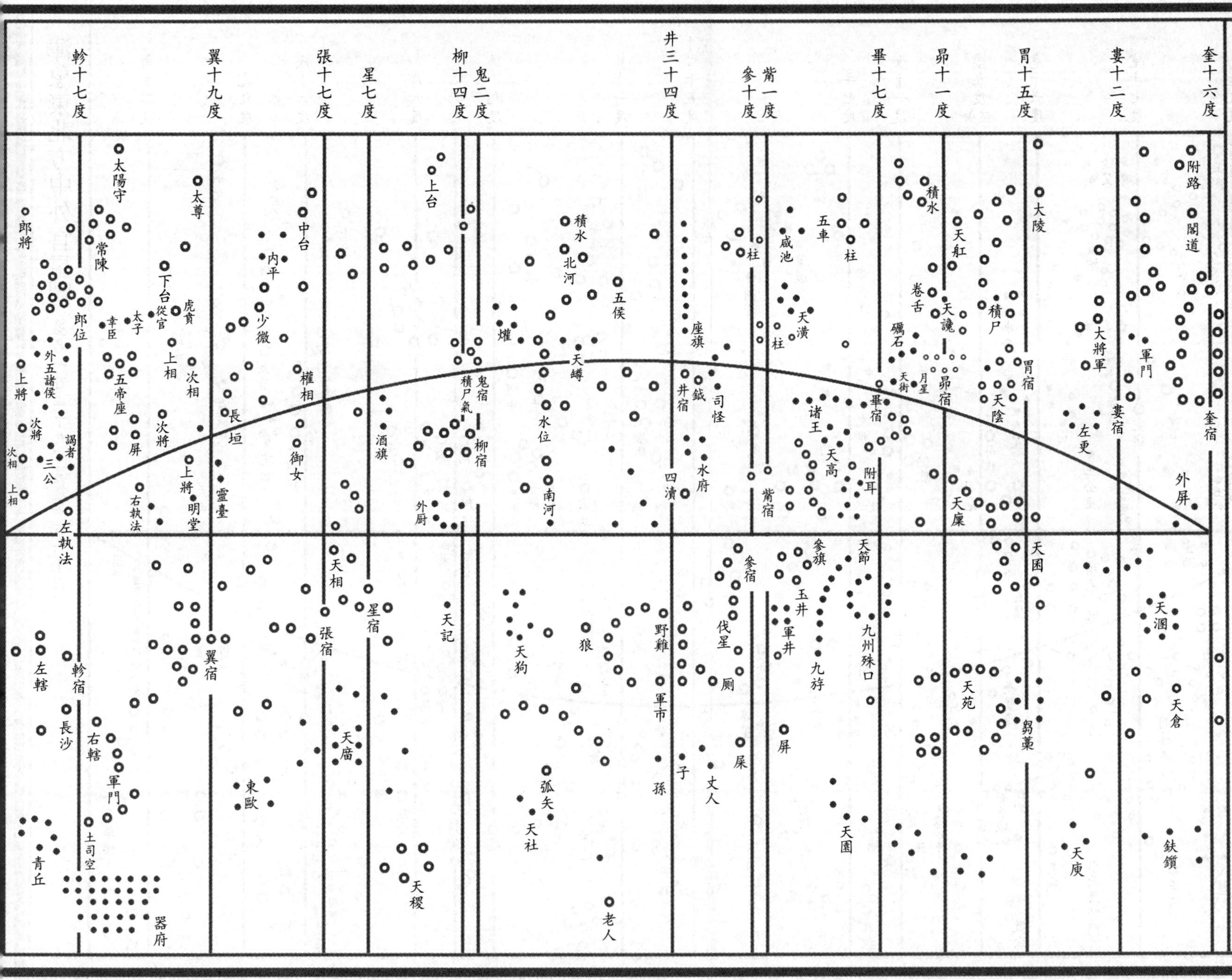

渾象北極星（二）圖

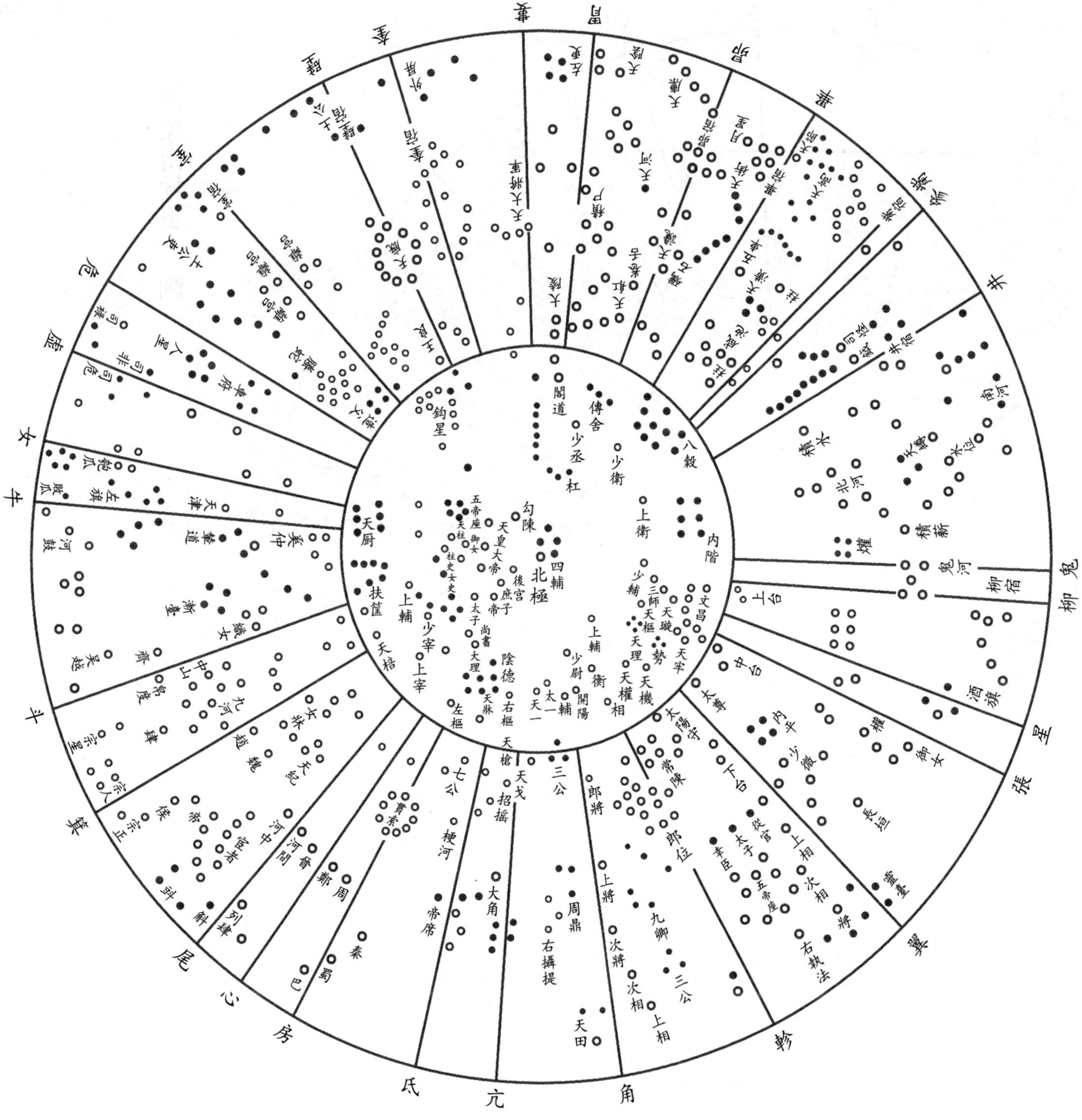

渾象南極星（二）圖

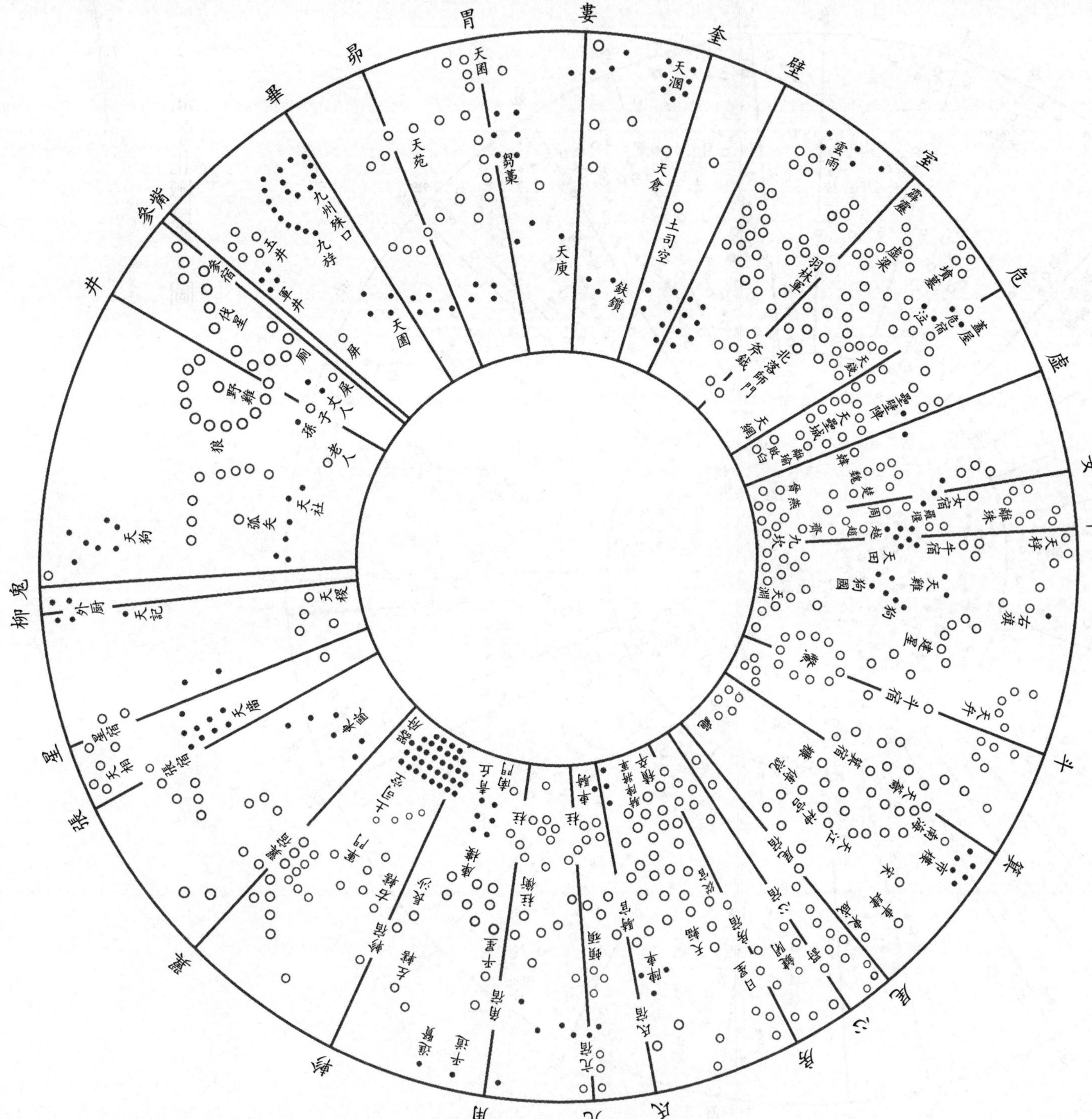

右渾象北極、南極星圖二。古圖有圓、縱二法。圓圖〔三〕視天極則親，視南極則不及。橫圖視列舍則親，視兩極則疏。何以言之？夫天體正圓，如兩蓋之相合。南北兩極，猶兩蓋之杠轂；二十八宿，猶蓋之弓橑；（周禮考工記：「蓋弓二十八，以象星。」注云：「蓋弓，橑也。」然則古之置蓋者，亦取法於天。）赤道橫絡天腹，如兩蓋之交處。赤道之北爲内郭，如上覆蓋；赤道之南爲外郭，如下仰蓋。故列弓橑之數，近兩轂則狹，漸遠漸闊，至交則極闊，勢之然也。亦猶列舍之度，近兩極則狹，漸遠漸闊，至赤道則極闊也。以圓圖視之，則近北星頗合天形，近南星度當漸狹則反闊矣。以橫圖視之，則去兩極星度皆闊，失天形矣。

今倣天形爲覆、仰兩圓圖。以蓋言之，則星度並在蓋外，皆以圖心爲極。自赤道而北爲北極内官星圖，赤道而南爲南極外官星圖。兩圖相合，全體渾象，則星官闊狹之勢脗與天合，以之占候，則不失毫釐矣。

校注

〔一〕「星」，原脱，今據前后文意補。

〔二〕同注〔一〕。

〔三〕「圓圖」，原作「圖圓」，今據下文「橫圖視列舍」及「以圓圖視之」改。

四時昏曉加臨中星圖

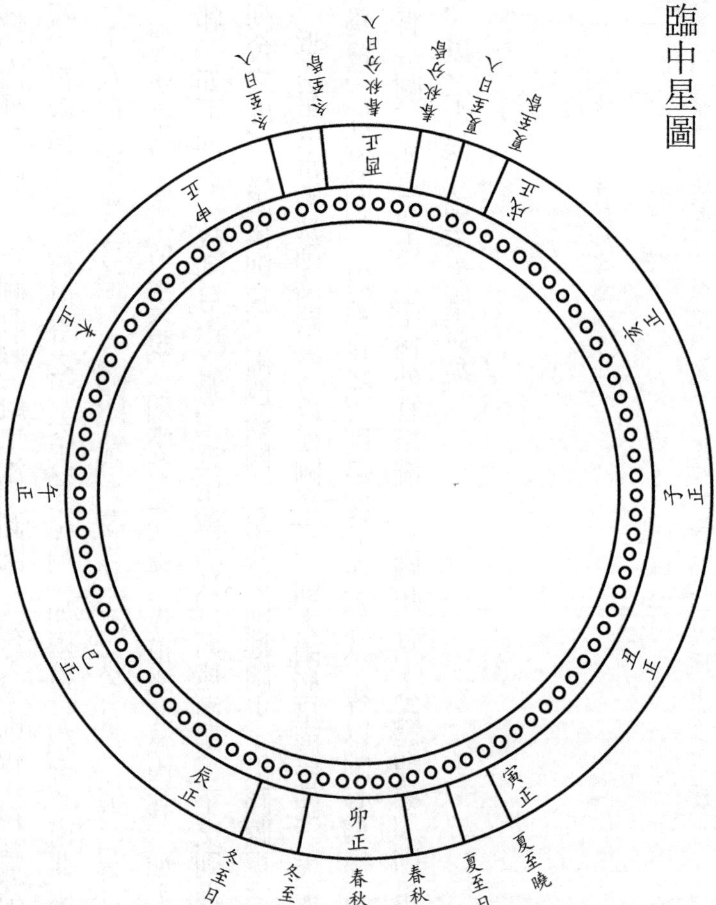
夏至昏
夏至日入
春秋分昏
春秋分日入
冬至昏
冬至日入
戌正
酉正
申正
未正
午正
巳正
辰正
卯正
寅正
丑正
子正
亥正
夏至曉
夏至日出
春秋分曉
春秋分日出
冬至曉
冬至日出

右四時昏曉加臨中星圖。聖人南面，視四時之中，所以候四時之早晚，以布民政。故堯命羲和「曆象日月星辰，敬授人時」，舜「在璿璣玉衡，以齊七政」，皆謂此也。然則天以二十八宿分布四方，凡三百六十五度有畸，爲日、月、五星之次舍。日行一度爲一日，周天爲一歲。月行三十日一周天，爲一月。故日、月一歲十二會，爲四時。時有孟、仲、季，仲爲分、至。人君不能日夕察候星度，故舉四時之中以驗之。曰「日中」，春分也；曰「日永」，夏至也；曰「宵中」，秋分也；曰「日短」，冬至也。所謂「星鳥」者，南方之星七，爲朱鳥體，春分則見於南方也。所謂「星火」者，東方之星七，爲蒼龍體，夏至則見於南方也。所謂「星虚」者，北方之星七，爲玄武體，秋分則見於南方也。所謂「星昴」者，西方之星七，爲白虎體，冬至則見於南方也。

鄭康成云：凡記昏明中星者，爲人君南面而聽天下，視時候以授民事也。既舉四時之中，又昏、旦視四方列宿，則孟、季之月與周天之度數從可知也。故歷代聖王尚之。經史記云：夏有小正，周有時訓，秦漢暨唐及本朝皆有月令，所以順天時而督民務也。詩曰：「定之方中，作于楚宫。」又有「三星在天」、「在隅」、「在户」之候。春秋傳曰：「啟蟄而郊，龍見而雩。」又曰：「凡土功，水昏正而栽。」又曰：「凡馬，日中而出，日中而入。」此皆視列宿而行國政也。然其上所記及唐虞之世，日行次舍如此。歷三代、漢、唐，至今數千年，日行漸遠，故中星隨而轉移。今以禮記月令洎唐及本朝所測，合爲四時昏旦中星圖，所以上備宸庭觀覽，順陰陽而頒政令也。四仲圖别出於後。圖稱月令者，是漢太初曆星度。稱唐者，是開元大衍曆星度。稱今者，是元豐所測見今星度也。

春分昏中星圖

禮記月令：「弧中。」弧在輿鬼南。

唐：井宿二十三度中。

今：井宿二十一度中。日在奎宿二度少弱。

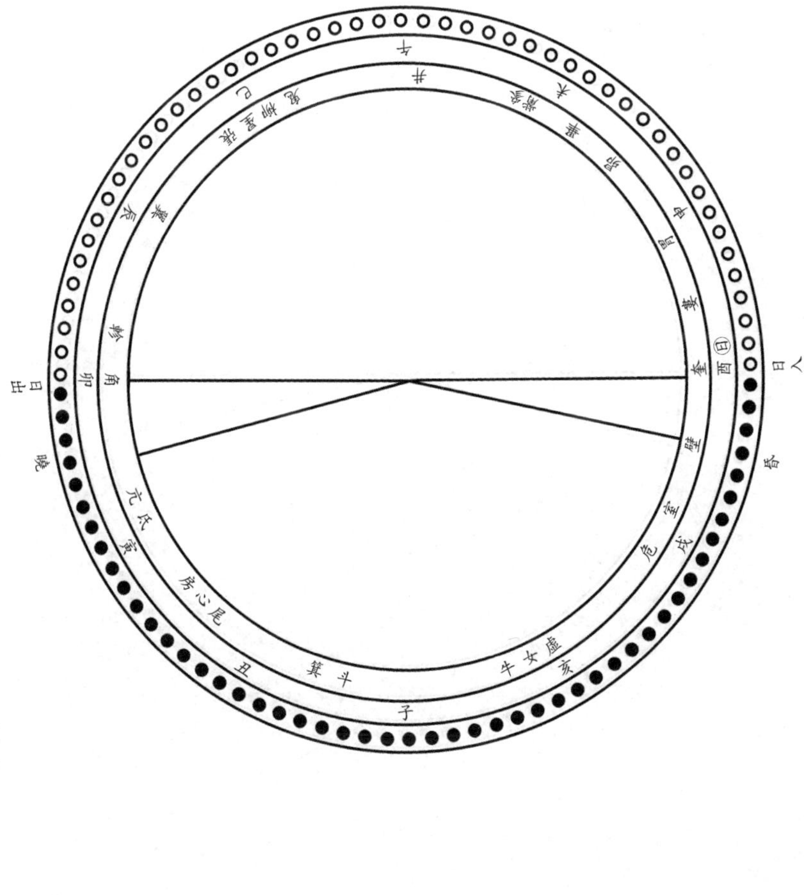

春分曉中星圖

禮記月令：「建星中。」建星在斗上。

唐：斗二度中。

今：箕六度中。日在奎一度少弱。

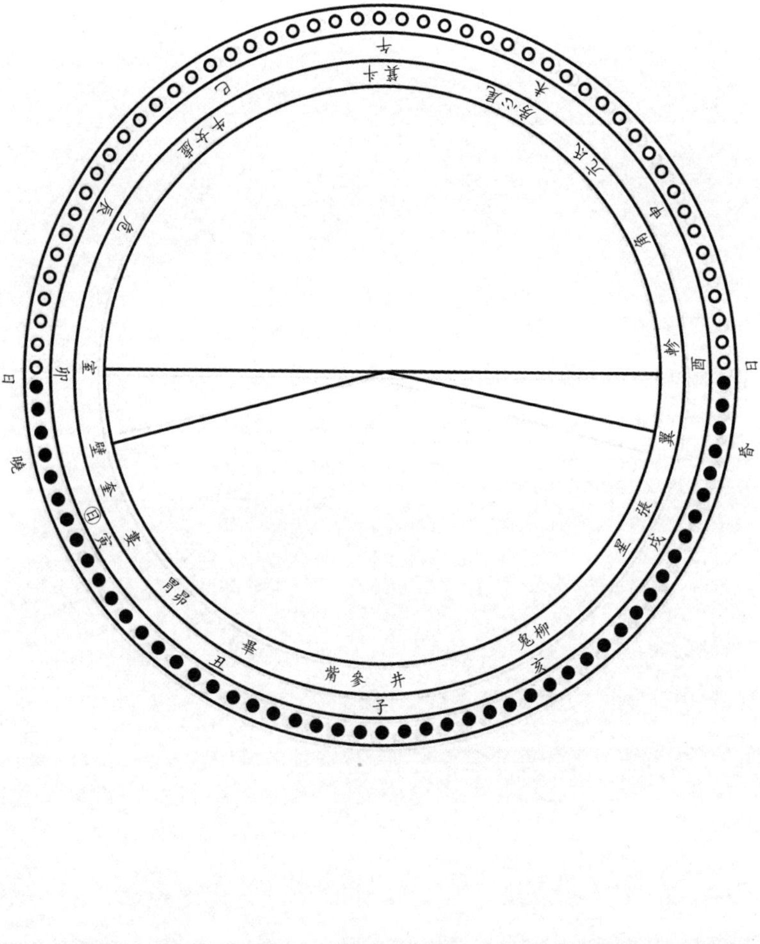

夏至昏中星圖

禮記月令：「亢中。」夏至昏亢。案，月令與呂氏春秋皆同，疑所記誤。

唐：氐一度中。

今：亢六度中。日在井九度弱。

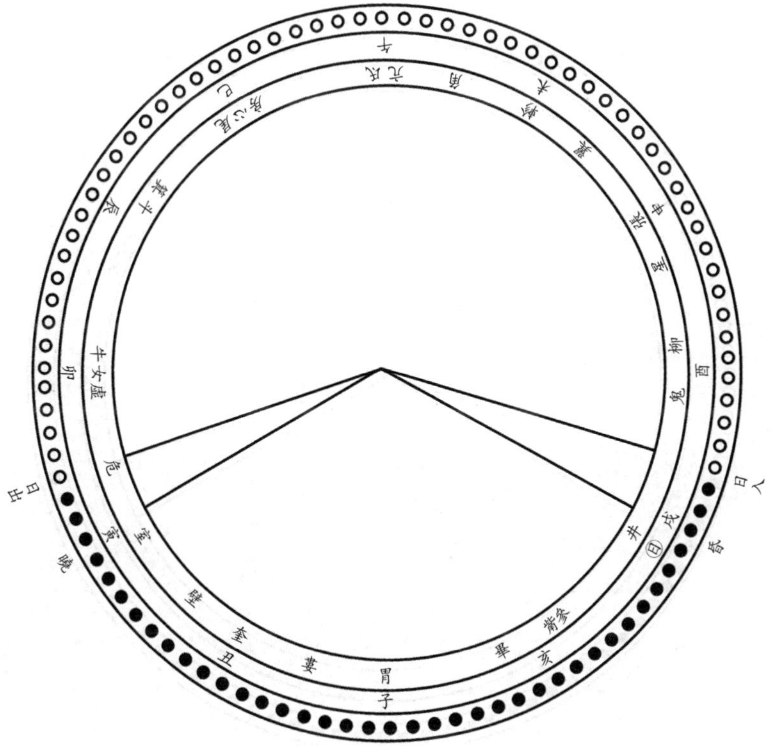

夏至曉中星圖

禮記月令：「危中。」

夏至曉危〔一〕。亦疑所記誤，與昏中同。

唐：室宿一度中。

今：危十四度中。日在井九度半弱。

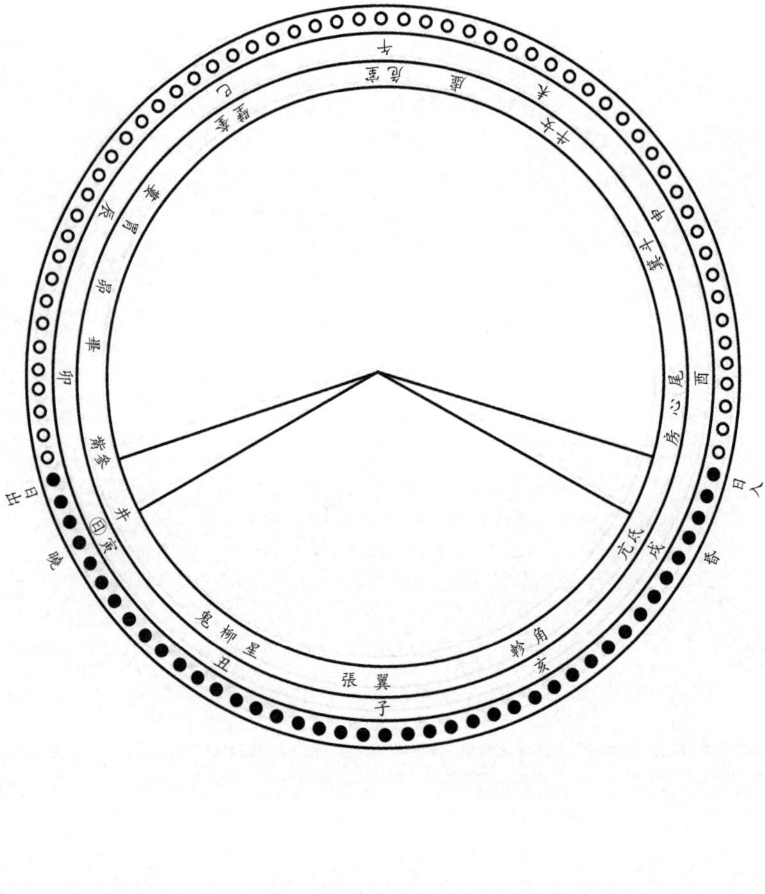

校注

〔一〕「危」，原作「亢」，今據前文改。

秋分昏中星圖

禮記月令：「牽牛中。」

唐：斗宿十九度中。

今：斗十度中。日在軫五度半弱。

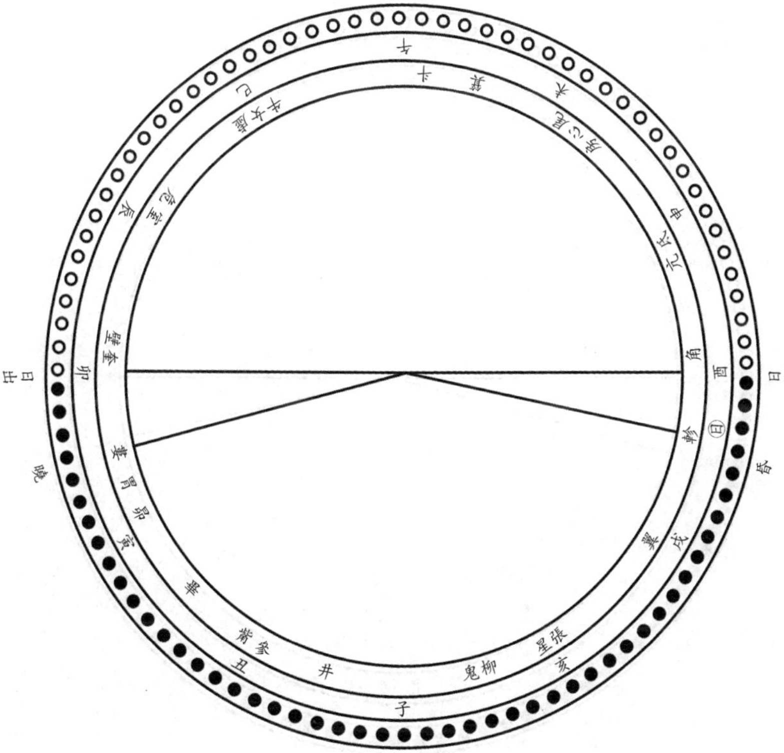

秋分曉中星圖

禮記月令：「觜觿中。」秋分曉觜觿。亦疑所記誤，與夏至同。

唐：井五度中。

今：參七度中。

日在軫五度半弱。

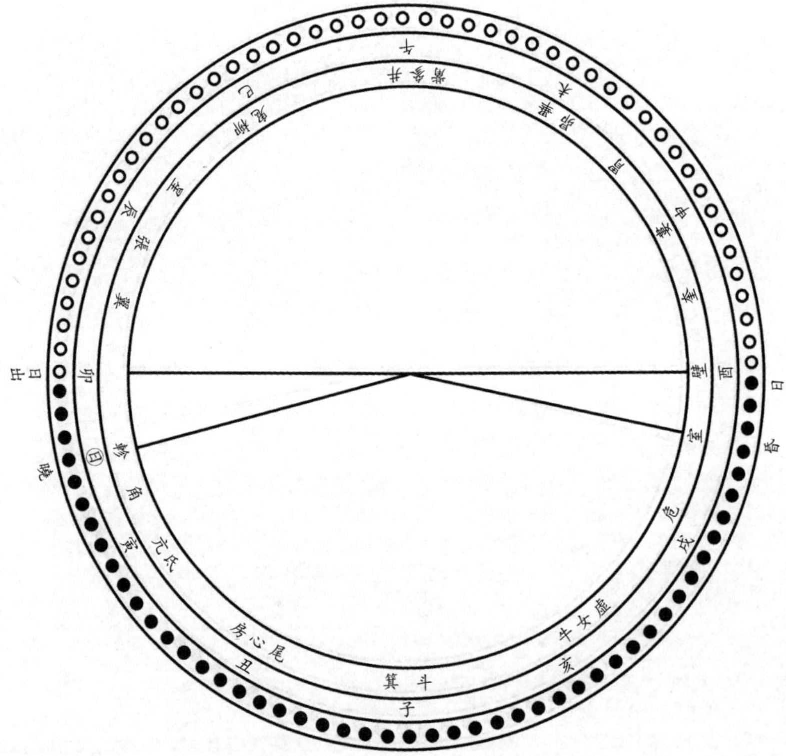

冬至昏中星圖

禮記月令：「東壁中。」

唐：壁三度中。

今：室末度中。

日在斗三度。

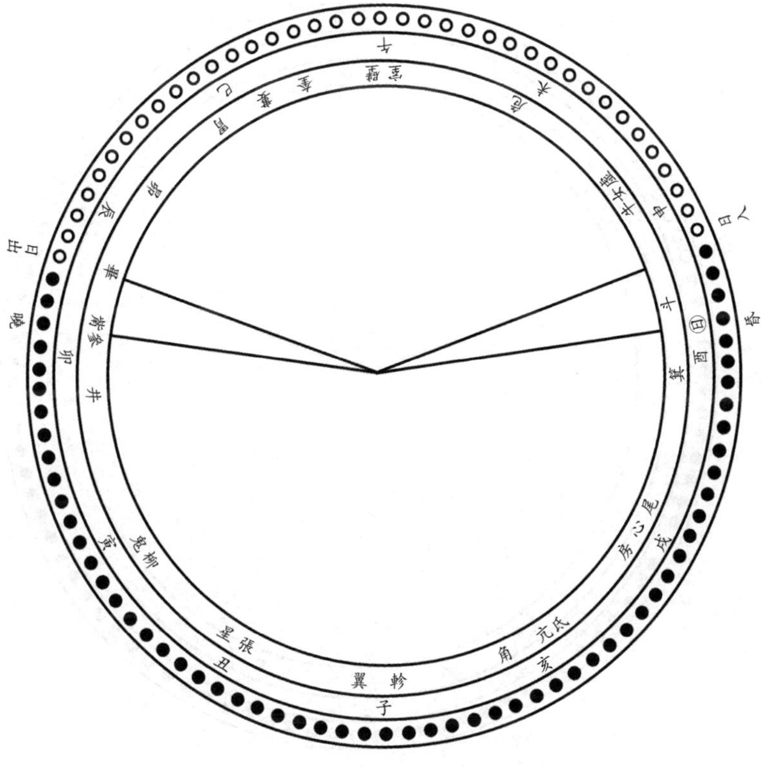

冬至曉中星圖

禮記月令：「軫中。」

冬至軫中。亦疑所記誤，與夏至同。

唐：角三度中。

今：軫十六度中。

日在斗三度〔一〕。

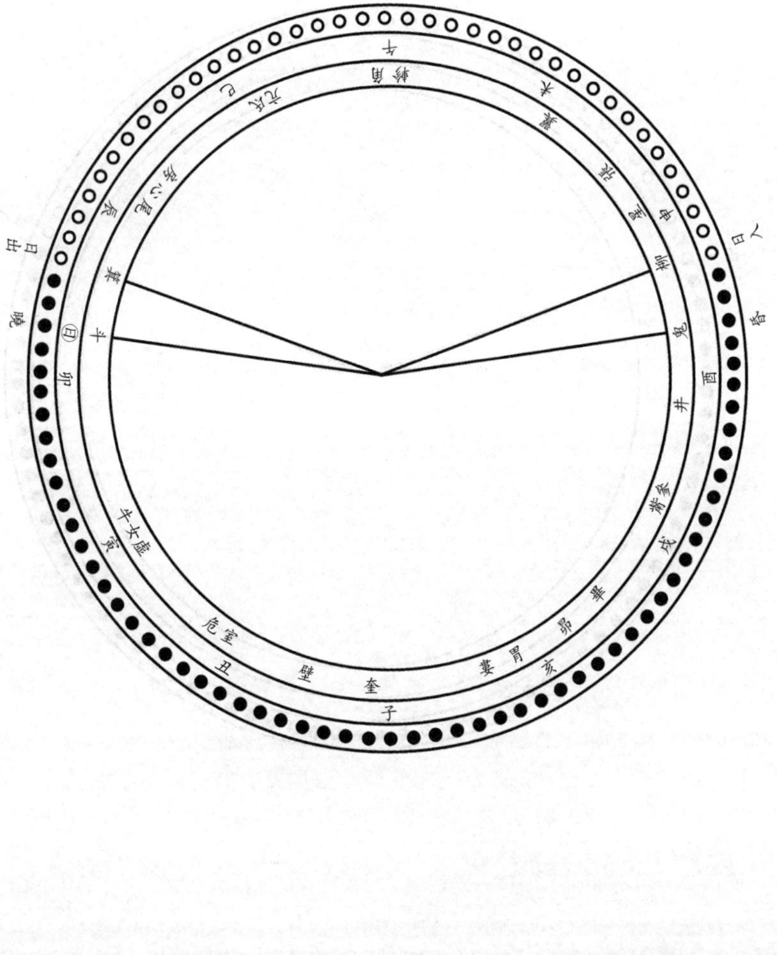

校注

〔一〕「斗三度」，原作「箕三度」，有誤，今改。

新儀象法要卷下

水運儀象臺

右水運儀象臺。其制，爲臺四方而再重，上狹下廣，高下相地之宜。四面以巨枋木爲柱，柱間各設廣桄，周以板壁；下布地栿，上布板面，内設胡梯；再休隔上開南北向各一門，隔下開二門，各南向雙扉。別本云：再休隔上開南向一門，東西向各一門。隔下開二門，各南向雙扉。

渾儀置上隔。即臺面也。儀有三重：曰六合儀，曰三辰儀，曰四游儀。其上以脱摘板屋覆之。六合儀有陽經雙規爲天規，縱置之；陰緯單規爲地渾，横置之。三辰儀南施天運環。天運環係新刱。渾象連木地櫃，置臺中隔。渾象亦有天經雙規，縱置木地櫃中，半出地上，半隱地下；有地渾單規，置地櫃面。爲櫃之子口。渾象等，今倣隋書志新刱。

臺内仰設晝夜機輪八重，貫以機輪軸。第一重曰天輪，在天束上與渾象赤道牙相接。第二重曰晝時鐘鼓輪，第三重曰時刻鐘鼓輪〔一〕，第四層曰時初正司辰輪，第五重曰報刻司辰輪，第六重曰夜漏金鉦輪，鉦，今號曰錚錚是也。第七重曰夜漏更籌司辰輪，最下第八重曰夜漏箭輪。外以五層半座木閣蔽之，層皆有門，以見木人出入。第一層，左摇鈴，右扣鐘，中擊鼓。第二層報時初及時正，第三層報刻，第四層擊夜漏金鉦，第五層報夜漏更籌。又於八輪之北側設樞輪。其輪以七十二輻爲三十六洪，束以三輞，夾持受水三十六壺。轂中横貫鐵樞軸一，南北出。軸南爲地轂，運撥地輪天柱〔二〕，中動機輪，動渾象，上動渾儀。別本云：又於八輪之北側設樞輪。以九十六輻爲四十八洪，束以三輞，夾扶受水四十八壺。轂中横鐵樞軸一，南北出。軸南中以天梯下轂，以運天梯，上動渾儀；末以地轂運撥牙機輪，上動渾象。又樞輪左設天池、平水壺。平水壺受天池水，注入受水壺，以激樞輪。受水壺水落入退水壺，由壺下北竅引水入昇水下壺，以昇水下輪運水入昇水上壺。上壺内昇水上輪及河車同轉，上下輪運水入天河，天河復入天池，周而復始。

一云：三辰儀南施天運環。渾象連木地櫃，置臺中隔。渾象云云半隱地下；上有地〔三〕渾雙規，置地櫃面；體外亦施天運，倣隋志新刱。臺内仰設晝夜機輪。

校注

〔一〕據後「晝夜機輪」節、「撥牙機輪」節、「晝時鐘鼓輪」節，晝夜機輪八重，第二重爲撥牙機輪，第三重爲晝時鐘鼓輪。

〔二〕地輪，據「鐵樞軸、天柱、天轂」節，當爲天柱下輪。

〔三〕「地」，原作「池」，諸本同。據前後文當爲「地」。

運動儀象制度圖（二）

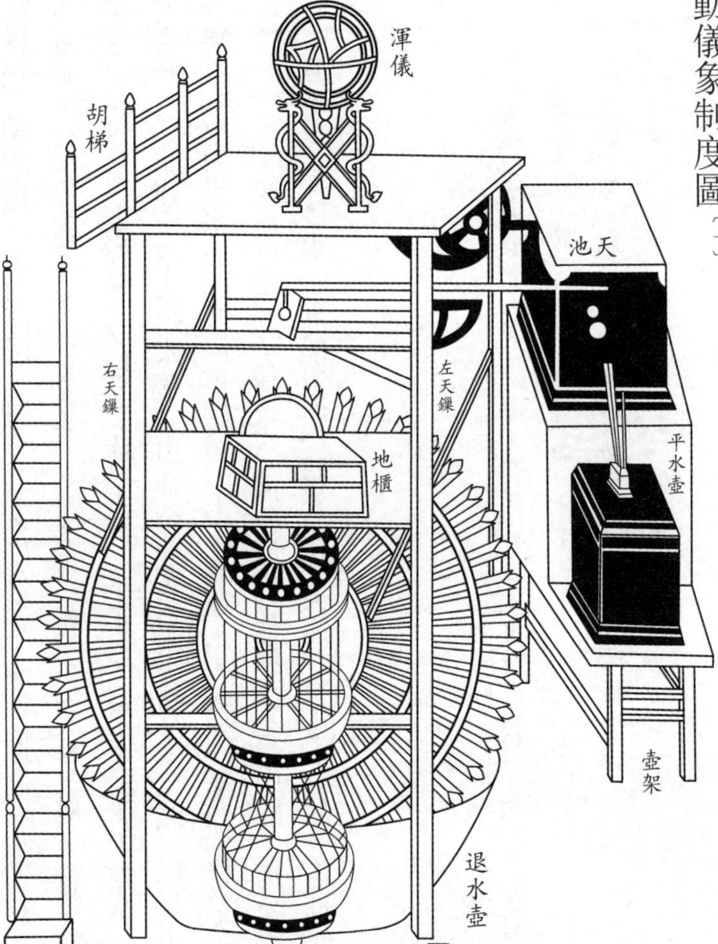

右運動儀象制度。先設樞輪一，機輪八。以天柱四植於臺内〔二〕。樞梁二，東西横安於天柱前、後，以載樞軸。天梁二，安於天柱，樞梁上，以掛天關。左右天極二，南北置之。南寄臺前東西柱，北貫天柱，東西天梁之下、樞梁之上。機輪軸一，立置臺中。天束一，以横木二合爲一。天束横置之，兩末安於東西天極中，天輪之下，撥牙機之上，中爲竅，以束機輪軸。機輪軸下爲地極，横置之，兩末〔三〕安東西兩地足中，地極之正中安鐵樞臼一，以承機軸之纂。纂亦以鐵爲之。天池在天柱之左，平水壺在天池之南，兩壺各以木架載之。平水壺面接天池水竅，其底與樞輪受水壺面相次。退水壺在樞輪之下。上下昇水軸壺并河車兩軸，並寄樞梁、天梁下横桄之中。其晝夜八機輪同貫機輪軸，撥牙軸所以轉七輪。樞輪三十六，三十六，一云「四十八」。雙輪共貫一轂。受水壺三十六，在樞輪外輞間，所以受水運樞輪也。天衡一，置樞輪上。天關一，置衡腦。天權一，置衡尾。天條一，在衡之前。天衡關舌一，以天條綴之，所以激發天衡關也。樞衡一，在天衡關舌上。衡腦爲格叉，格，音閣。以抵受水壺。以樞權掛其末，所以節受水壺之陞降也。左右天鎖二，分置東西天柱間梁上，所以持正樞輪也。

校注

〔一〕原書目録中無「圖」字。

〔二〕此植於臺内之四天柱僅爲支架，所以固定樞輪、機輪、天衡等，與「鐵樞輪、天柱、天轂」節之「天柱」名同實異。彼所云天柱，上貫鼇雲，中銜渾象、晝夜機輪，下待樞輪地轂之動作。今此亦名「天柱」，疑爲傳鈔淆亂所致。

〔三〕「末」，原作「不」，今據文淵閣本改。

木閣

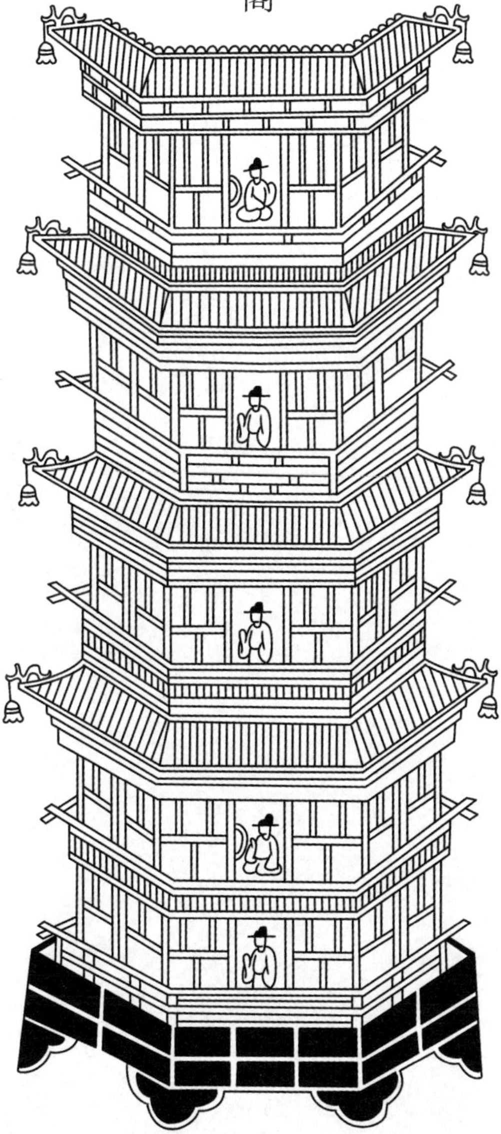

右木閣五層，在機輪前。第一層，時初木人左摇鈴，刻至中擊鼓，時正右扣鐘。第二層，木人出報時初又〔一〕時正。第三層，木人出報十二時中、百刻。第四層，夜漏擊金鉦。第五層，分布木人出報夜漏箭。

校注

〔一〕「又」，文淵閣本同，守山閣本正作「及」。

晝夜機輪

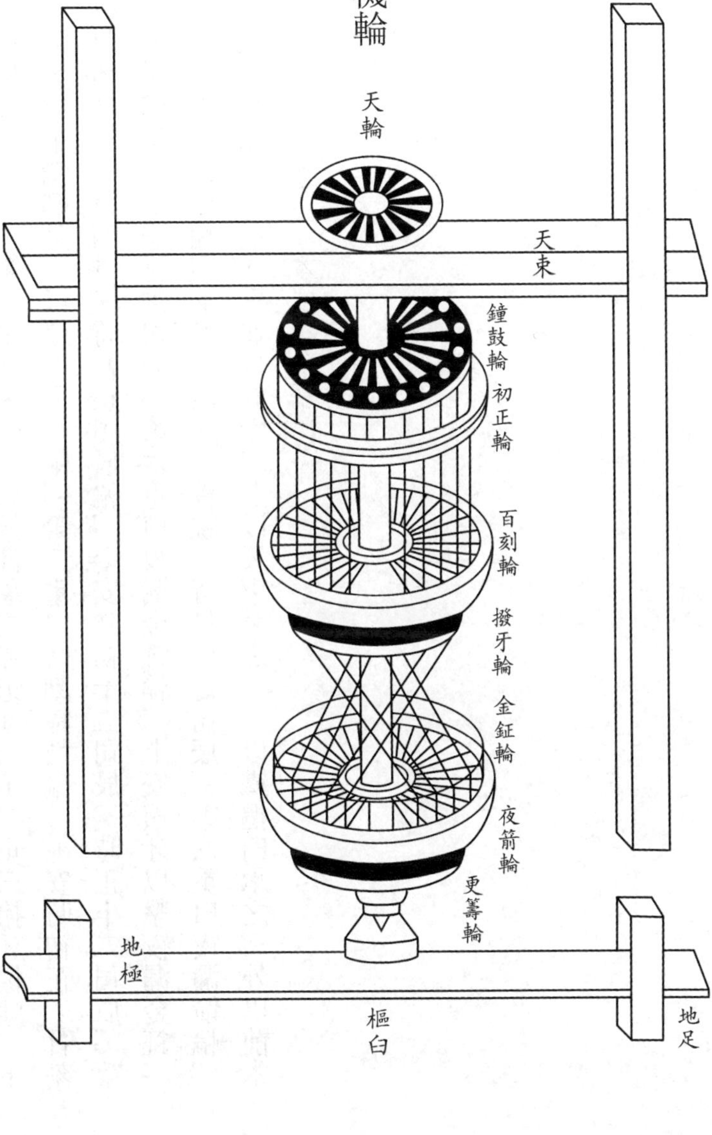
天輪
天束
鐘鼓輪
初正輪
百刻輪
撥牙輪
金鉦輪
夜箭輪
更籌輪
地極
樞臼
地足

右晝夜機輪。八重：第一重曰天輪，以撥渾象之赤道牙；第二重曰撥牙機輪，上安牙距，隨天柱中輪轉動，以運上下七輪；第三重曰時刻鐘鼓輪，上安時初正、百刻撥牙，以擊鐘鼓鈴；第四重曰時初正司辰輪，上安時初十二司辰、時正十二司辰；第五重曰報刻司辰輪，上安百刻司辰；第六重曰夜漏金鉦輪，上安撥牙以擊夜漏金鉦；第七重曰夜漏更籌司辰輪，上安日出入、昏曉、待旦更籌司辰；第八重曰夜漏箭輪，以載金鉦夜漏箭輪。以上八重並貫於軸，上以天束束之，下以鐵樞臼承之，外以前木閣五層以蔽之。赤道牙，一本云「天運輪」。

機輪軸

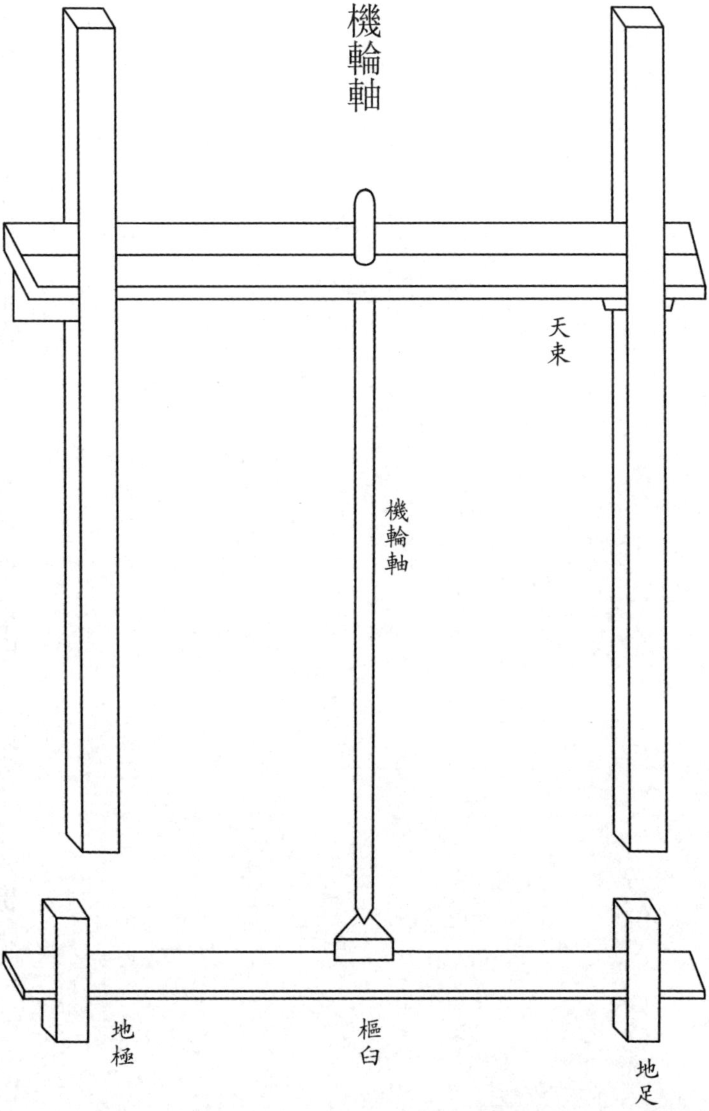

機輪軸一。上貫於天束竅中，下納於地極上樞臼中，以安晝夜八機輪。

天輪

右天輪。直徑三尺八寸，上安六百牙距，其轂貫於鐵軸。在天東上，與渾象天運輪相接於輪之南輞，上銜天軸，所以運天運輪〔一〕。天運輪斜對南極之中，如側蓋之勢。以天軸撥其牙距，以運渾象。故下機輪軸上貫天機輪，動則天輪西轉。天輪西轉，則天軸東向，及使天運輪與渾象同時西旋。

校注

〔一〕新儀象法要載轉運渾象有二法，一法以赤道牙與天輪相銜，即正本所記，見「渾象」「渾象赤道牙」諸節；一法以天運輪與天輪相銜，見別本「渾象天運輪」節及諸節所注「一本」云云。本節用天運輪法，疑爲別本誤入正本。

撥牙機輪

右撥牙機輪。隨天柱中輪轉動，在晝時鐘鼓輪上。直徑六尺七寸。輪下施六百牙距，以待中輪動作。每中輪動，機輪六牙距爲一刻，五十牙距爲一時。其六百牙爲十二時者，元豐法也。

一本云：撥牙機輪與後樞輪相對，在第三層閣内，與報刻司辰輪相疊。直徑六尺七寸。下施六百牙距，以待樞輪動作。每樞輪動機輪六牙距。

木閣第一層

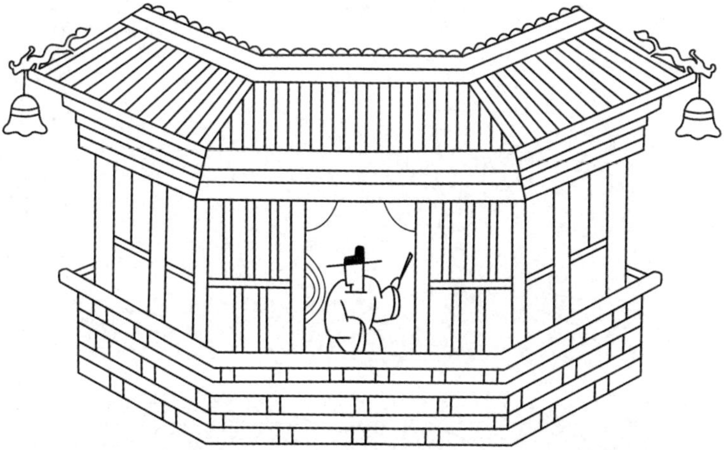

左門搖鈴
中擊鼓
右扣鐘

右木閣第一層，開三門。每時初，即服緋司辰於左門内摇鈴。刻至，即服緑司辰中門内擊鼓。時正，即服紫司辰右門内扣鐘。

晝時鐘鼓輪

右晝時鐘鼓輪。在木閣第一層内，徑六尺七寸。上應百刻、十二時，每時初正及每刻與機輪六百牙距相應。輪上置撥牙，刻至則中擊鼓，時初則左摇鈴，時正則右扣鐘。

木閣第二層

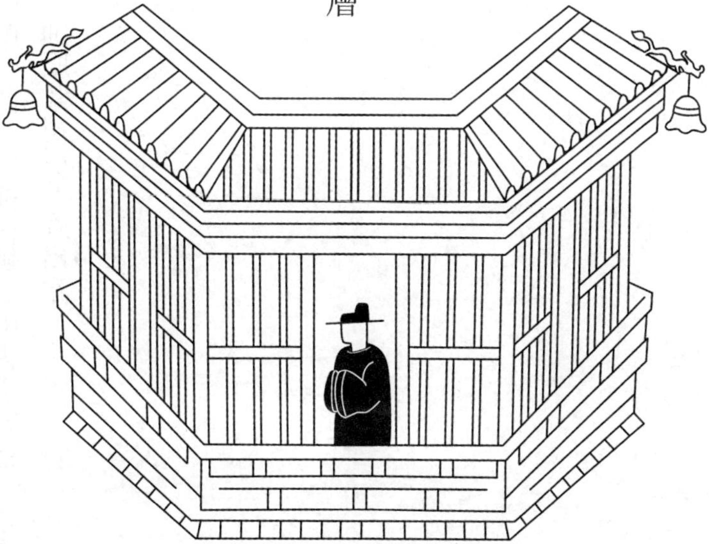

時初正

右木閣第二層，正中開一門。每機輪轉，則晝夜時初、正司辰輪動。時初，則服緋司辰執牌出報；時正，則服紫司辰執牌出報。

晝夜時初正司辰（二）輪

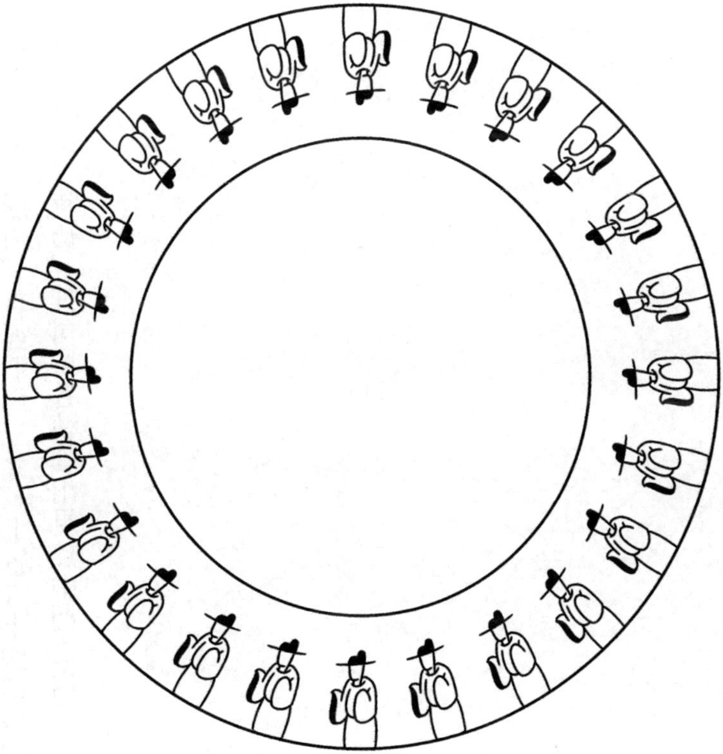

右晝夜時初正司辰輪。在木閣第二層内，直徑七尺三寸。上置二十四司辰，十二人報時初，十二人報時正。每至時正、時初，其司辰各執牌出見於中門之内。

校注

〔一〕「司辰」，原脱，今據後文補。

木閣第三層

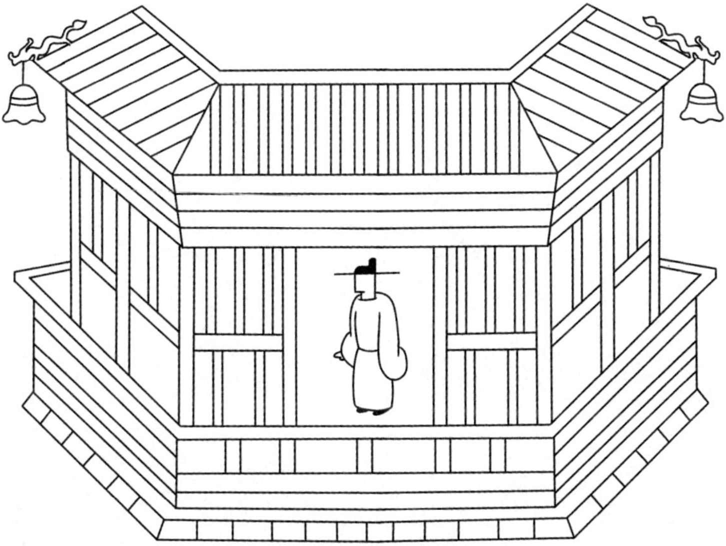

右木閣第三層，亦正中開一門。每機輪轉，則報刻司辰輪動。刻至，則服緑司辰執牌出報。

報刻司辰輪

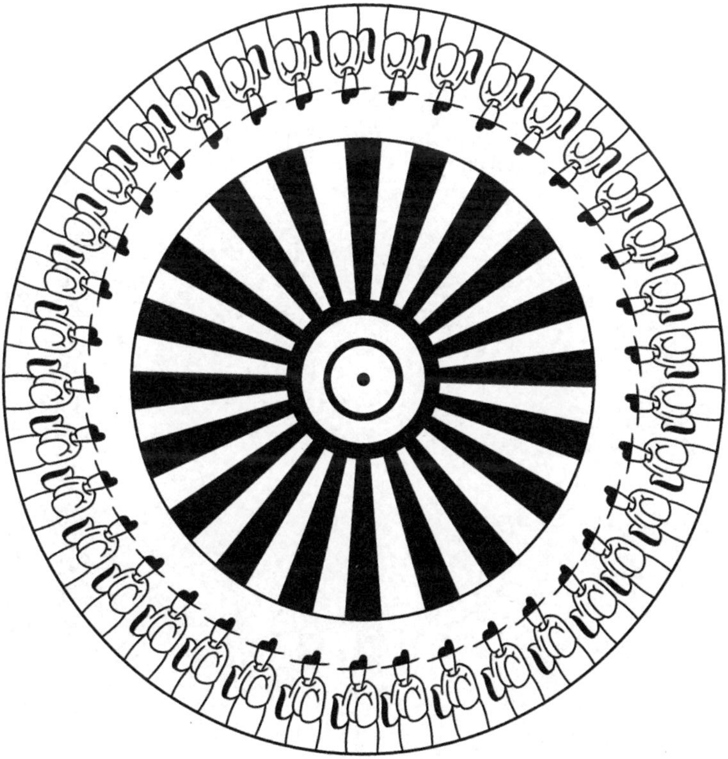

右報刻司辰輪。在木閣第三層内，直徑七尺二寸。上布十二時之百刻，分布報刻司辰。除時初外，以刻言之，其司辰九十六人，以應正衙鐘鼓樓報刻之節。每刻，則司辰各執牌出見。

木閣第四、五層（二）

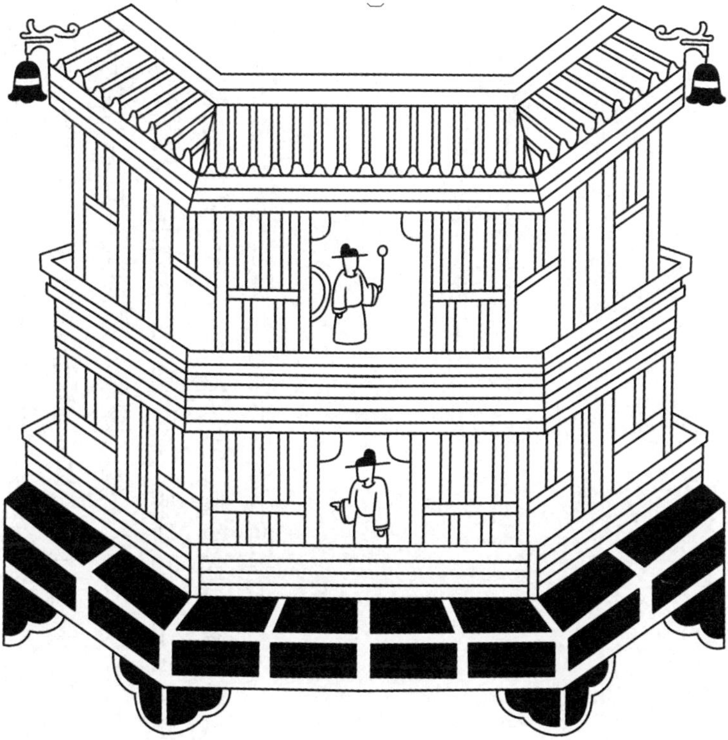

右木閣第四、第五層，正中開一門。每日入、昏、五更、待旦、曉、日出，木人皆擊金鉦，以應第五層司辰。第五層司辰出報夜漏等。日入後二刻半爲昏，昏爲初更。每更有五籌，更盡爲待旦十刻。待旦十刻後曉，曉後二刻半爲日出。其日入，服緋司辰出報。昏二刻半，服緑司辰出報。更有五籌，初一籌，服緋司辰出報。更初餘四籌，服緑司辰各出報。凡五更，總司辰二十有五。待旦十刻，服緑司辰各出報。曉二刻半，服緑司辰出報。日出，服緋司辰出報。司辰各執牌出見於中門之下〔二〕。

校注

〔一〕「木閣第四、五層」，原書目録作「木閣第四層五層」。

〔二〕「下」，文淵閣本、傅斯年圖書館本並作「外」。

夜漏金鉦輪

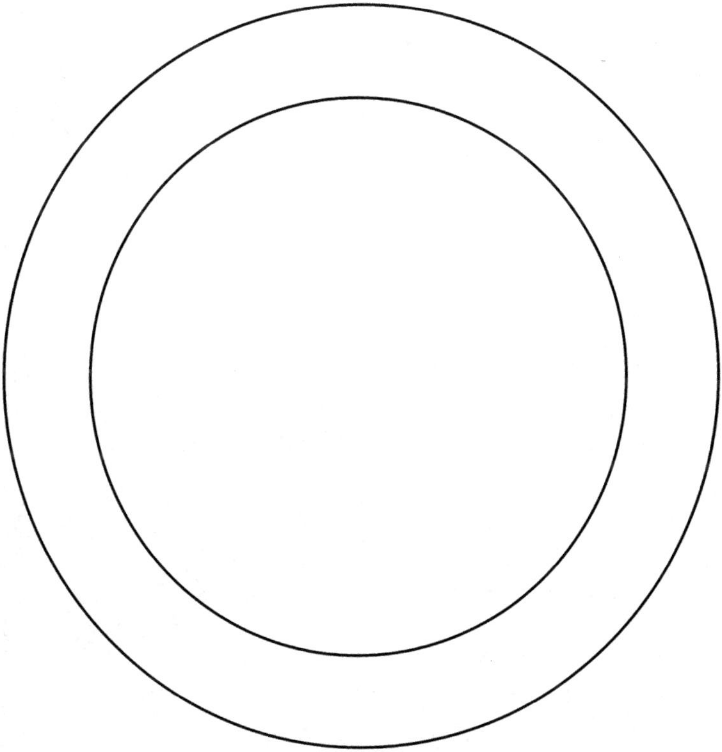

右夜漏金鉦輪。在第四層木閣内，直徑六尺七寸。上設夜漏更籌箭，每籌施一撥牙。每更籌、至日出、日入，皆擊金鉦。

夜漏司辰輪

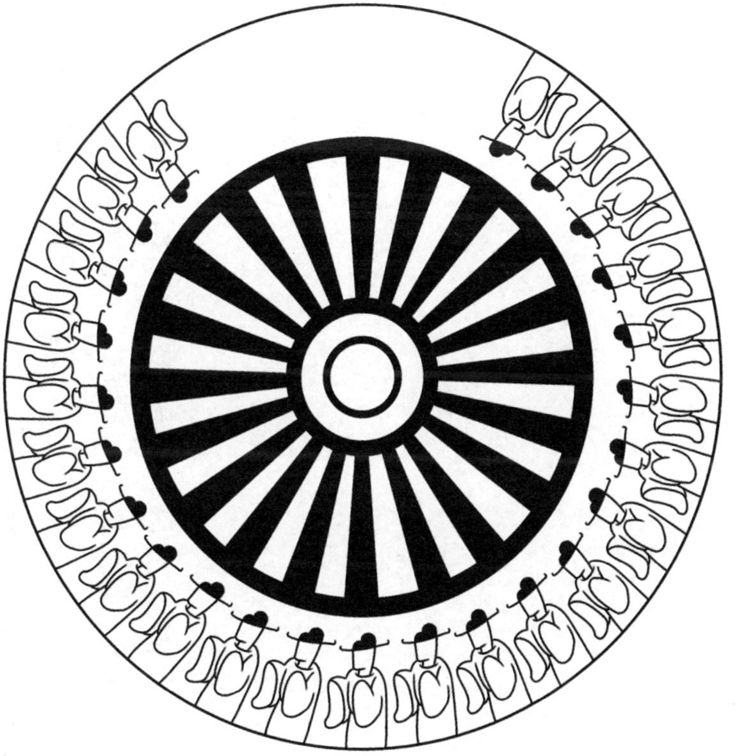

右夜漏司辰輪。在木閣第五層内，直徑八尺，與夜漏箭輪相疊。每至日出入、昏曉及待旦刻并更籌，各有司辰牌出報於中門之内。

箭輪徑六尺七寸，其輪與司辰輪相疊〔一〕。凡冬夏夜有長短，不可以一法測之，故一歲設六十一箭。箭亦有長短，故隨節氣更換，則四時之晝夜各無差舛。

校注

〔一〕夜漏箭輪爲晝夜機輪八輪之一，書中無圖。

樞輪
退水壺（二）

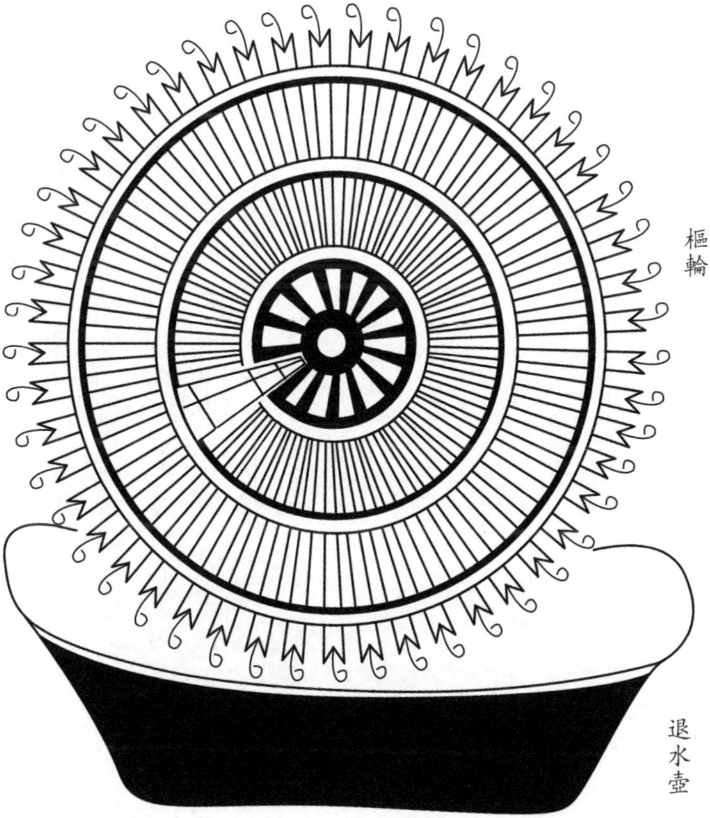

右樞輪一、退水壺一。樞輪直徑一丈一尺。以七十二輻七十二，一本云：九十六。雙植於一轂，爲三十六三十六，一本云：四十八。洪，束以三輞。每洪夾持受水壺一，總三十六壺。每壺長一尺，闊五寸，深四寸。於壺側置鐵撥牙，以撥天衡關舌。樞輪轂中貫以鐵樞軸，南北出，南以運儀象。退水壺長一丈一尺四寸，闊一尺九寸，東高三尺二寸，西高二尺五寸五分，中高一尺五寸五分，置樞輪下以接退水。每受水一壺過，水落入退水壺。北下爲竅，水由下竅北流入昇水下壺。

校注

〔一〕「退水壺」，原脱，今據後文補。

鐵樞軸 天柱 天轂（二）

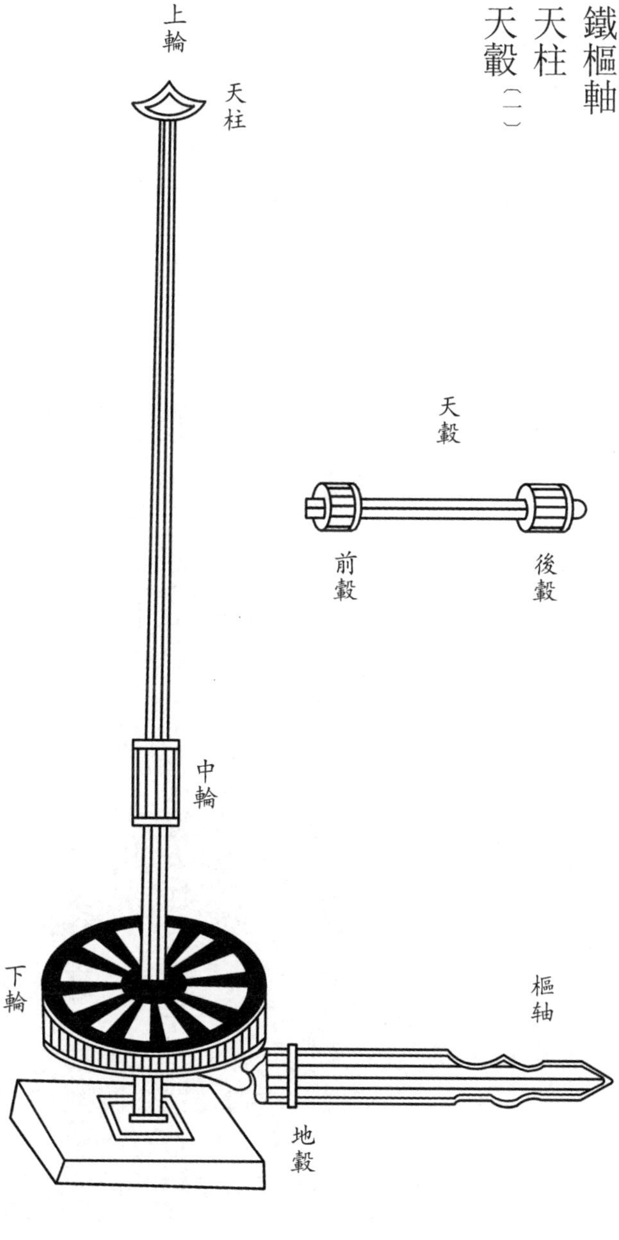

右鐵樞輪軸一。長五尺九寸，方一寸八分。貫樞輪轂中，南北出，於轂前後相隨，去樞梁闊狹鑢爲兩圓頂，於樞梁上爲鐵仰月承之使運轉。安南地轂，以撥天柱下輪，運轉天柱。一本云：前後相去隨。

右天柱。長丈九尺五寸。其法：以木爲之，上弗鰲雲。中爲天柱上輪，以動天轂；中爲天柱中輪，以動機輪；下爲天柱下輪，以待樞輪地轂動作。

右天轂二。置於渾儀天經中，以仰月承之。後天轂以待天柱上輪動作，前天轂與天運環相銜，與後轂貫於一軸。後轂動則前轂動，前轂動則天運環動。

一本無天柱、天轂，有天梯、天托。

一本云：仰月承之，使運轉。軸南安地轂，以撥機輪牙距，次安梯下轂，以撥天梯。

校注

〔一〕「鐵樞軸、天柱、天轂」，原脱，今據後文補。

天池
平水壺（一）

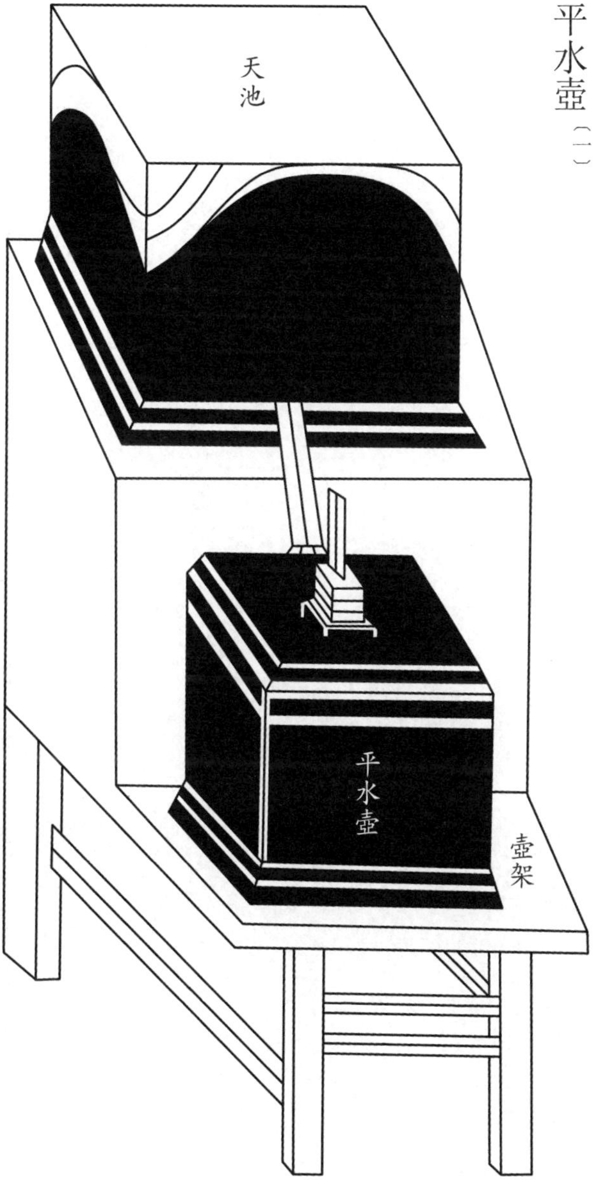

右天池壺一、平水壺一。平水壺上有準水箭。自河車發水入天河，以注天池壺。天池壺受水有多少，緊慢不均，故以平水壺節之。即注樞輪受水壺，晝夜停勻，時刻自正。

校注

〔一〕「天池、平水壺」，原脱，今據後文補。

天衡

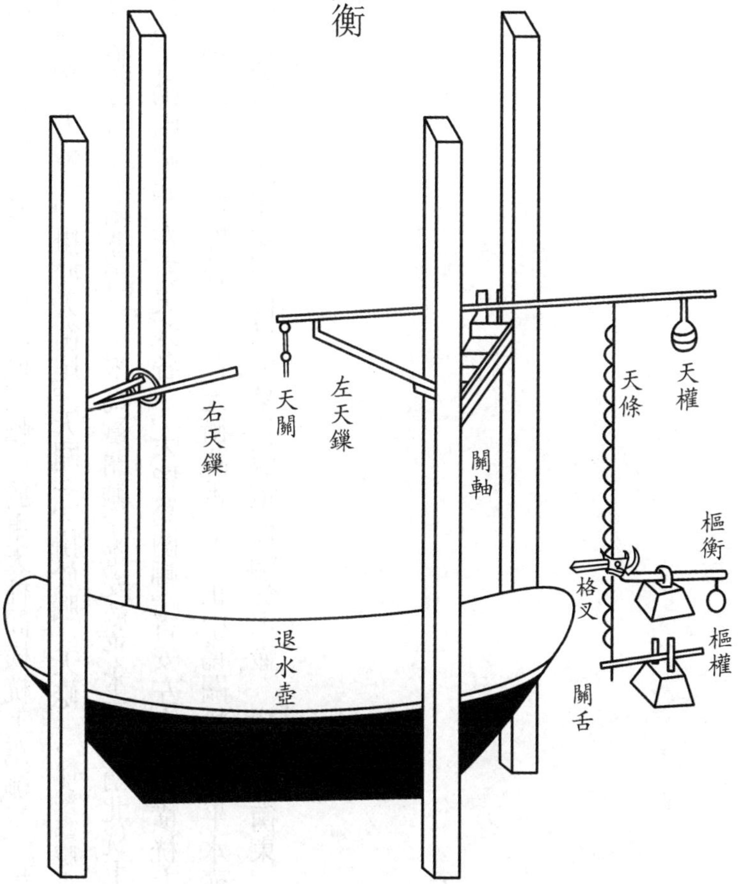

右天衡一。在樞軸之上，中爲鐵關軸。於東天柱間橫桄上爲馳峯，植兩鐵頰以貫其軸，常使轉動。天權一，掛於天衡尾。天關一，掛於腦。天條一，即鐵鶴膝也。綴於權裏，右垂。長短隨樞輪高下。天衡關舌一，末爲鐵關軸，寄安於平水壺架南北桄上，常使轉動。首綴於天條，舌動則關起。左右天鏁各一，末皆爲關軸，寄安左右天柱橫桄上。東西相對，以拒樞輪之輻。樞衡、樞權各一，在天衡關舌上；正中爲關軸，於平水壺南北橫桄上爲兩頰以貫其軸，常使運動；首爲格叉，西距樞輪受水壺。權隨於衡東，隨水壺虛實低昂。

昇水上下輪

昇水上下壺（二）

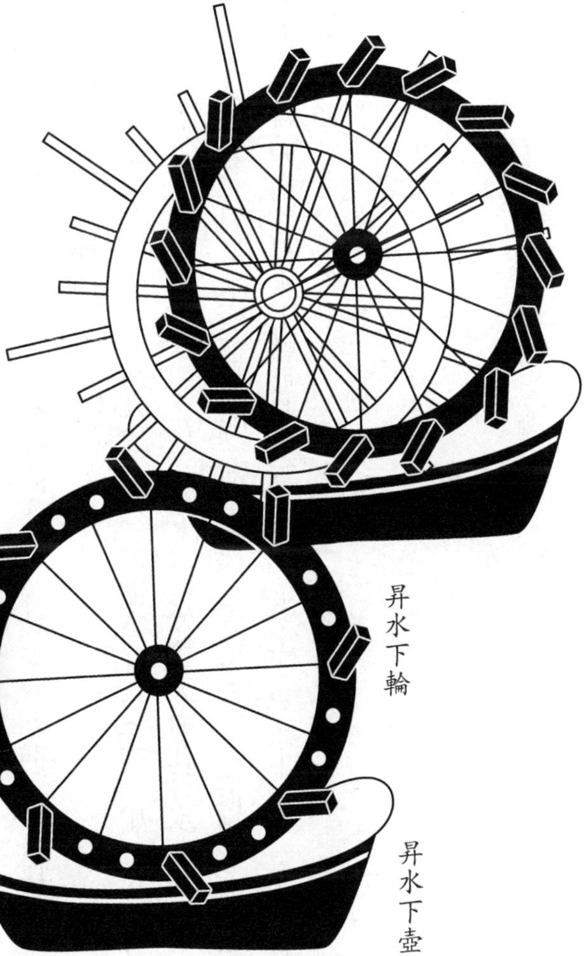

右昇水上下輪各一。直徑各五尺六寸。上輪與河車同貫一軸，軸末南寄天梁下横桄上正中，北寄臺腹木閣横桄上，爲杈手柱載之。木閣高七尺一寸，長七尺三寸，闊二尺五寸，上布板面。板面南下立木柱二，北寄臺桄上，使人在其上運河車。下輪軸末南置樞梁下横桄正中，北亦爲杈手柱載之，柱寄於臺後地面板上。

昇水上下壺各一。上壺長七尺四寸，闊九寸五分，兩頭高二尺三寸，中一尺五寸。下壺長七尺二寸，闊一尺六寸，高二尺一寸。並在二輪下，以承輪。天河在昇水上輪之上，以受上輪水。下壺南爲水竅，與退水壺竅相通。河車轉，則昇水上下輪俱轉。河車與上輪俱東向，即下輪逆行西向。昇水下輪發昇水下壺水，右上入昇水上壺；昇水上輪發昇水上壺水，左入天河，注入天池。

校注

〔一〕「昇水上下輪、昇水上下壺」，原脱，今據後文補；原書目録中無「昇水上下壺」。

河車　天河

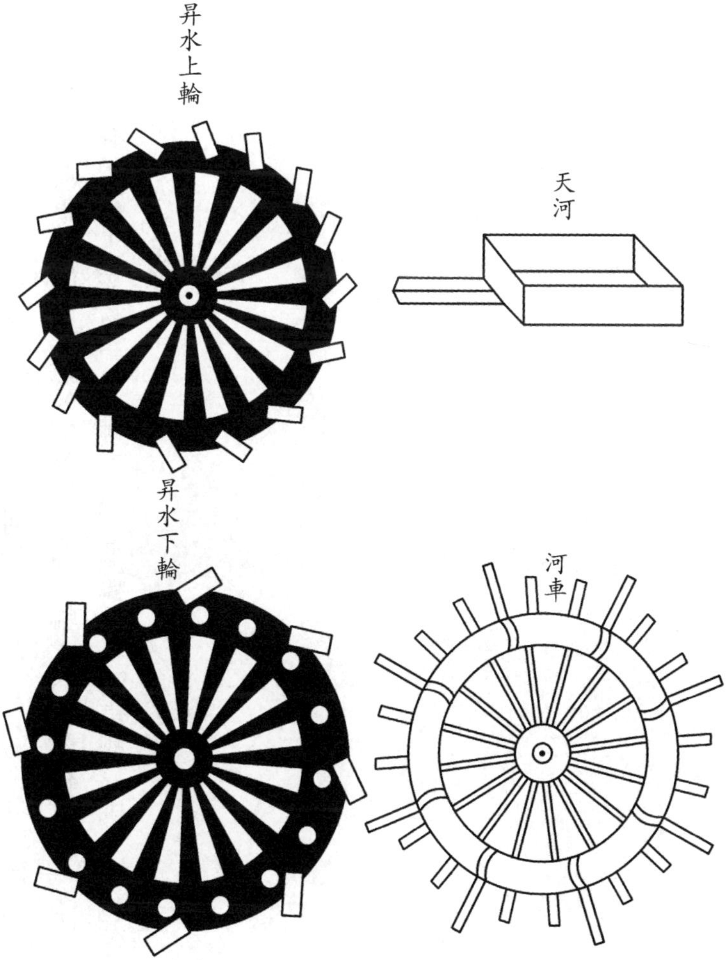

右河車一，天河一。河車直徑四尺八寸。天河長三尺八寸，闊七寸，高六寸，東爲水竅，與天池面相接。河車外出十六撥牙，以撥昇水下輪十六距對撥牙。北安手把八，以運河車。二輪輞外斜安戽斗二十四，上輪十六，下輪八。河車轉，則上下輪俱帶戽斗運水入天河，天河注水入天池。

儀象運水法

水運之制始於下壺。先實水於昇水下壺，壺滿則撥河車八距。河車動，則昇水上下輪俱動。昇水下輪以八戽斗運水入昇水上壺，昇水上輪以十六戽斗運水入天河。天河東流入天池，天池水南出渴烏，注入平水壺；由渴烏西注入樞輪受水壺。受水壺之東與鐵樞衡格叉相對，格叉以距受水壺。壺虛，即爲格叉所格，所以能受水；水實，即格叉不能勝壺，故格叉落。格叉落，即壺側鐵撥擊開天衡關舌，掣動天條。天條動，則天衡起，發動天衡關，左天鏁開，即放〔一〕樞輪一輻過。一輻過〔二〕，即樞軸動。

其樞輪所檢括者二，一以運渾儀，二以動機輪。

所謂運渾儀者，樞輪動則〔三〕地轂動，地轂動則〔四〕天柱下輪動，天柱下輪動則天轂後輪動〔五〕，天轂後輪動則天轂前輪動，天轂前輪動則天運環動，天運環動則三辰儀隨天運轉。此樞輪所以運渾儀也。

所謂動機輪者，樞輪動則地轂動，地轂動則天柱下輪動，天柱下輪動則天柱中輪動，天柱中輪動則機輪動。則樞輪所以動機輪也。

機輪所以檢括者四，一以天輪運渾象，二以動鐘鼓輪，三以動時初正司辰輪，四以動報刻司辰輪。

所謂以天輪運渾象者，機輪動則天輪動，天輪動則渾象隨天運轉。此天輪所以動渾象也。

所謂動鐘鼓輪者，機輪動則晝時鐘鼓輪相隨而動；其輪上有牙距，時初則撥左木人所執鈴竿以摇鈴，時正則撥右木人所執撞竿以扣鐘，刻至則撥中人所執椎以擊鼓。三者並在木閣第一層左右及中門内相應。此機輪所以動鐘鼓輪也。

所謂動時初正司辰輪者，機輪動則晝夜時初正司辰輪相隨而動，時至則輪上木人執牌出木閣第二層門中以報初及正。此機輪所以動時初正司辰輪也。

所謂動報刻司辰輪者，機輪動則報刻司辰輪相隨而動，刻至則輪上木人於木閣第三層門中出報。此機輪所以動報刻司辰輪也。

已上樞輪一輻過，則左天鑠及天關開，左天鑠及天關開，則一受水落入退水壺。一壺落，則關、鑠再拒次壺〔六〕，則激輪右回，故以右天鑠拒之，使不能西也。每受水一壺過，水落入退水壺，由下竅北流入昇水下壺。再動河車，運水入上水壺，周而復始。

校注

〔一〕「放」，原作「於」，今據文淵閣本改。

〔二〕「過」，原作「逼」，諸本同，今據上文「一輻過」改。

〔三〕「則」，原作「即」，今據文淵閣本及下文文意改。

〔四〕同注〔三〕。

〔五〕疑有脱文，據前後諸節，當爲：天柱下輪動則天柱上輪動，天柱上輪動則天轂後輪動。

〔六〕次壺，據「天衡」節「以拒樞輪之輻」及本節「已上樞輪一輻過」，當爲「次輻」。

渾儀圭表

右渾儀圭表一。舊法，渾儀、圭表各爲一器，故渾儀不能測晷景之長短，土圭亦不能驗七政之行度。今以二器合爲一法。其制，於渾儀下安圭座，面與水趺中心相結，各爲水溝通流，以定平準。圭長一丈三尺，爲日行晷之南北。於圭面分尺寸，兩旁列二十四氣。自圭面上與陰緯環面與直距望筒之半爲表之高。表高八尺，故自陰緯環面及望筒之半至鰲雲之下，亦高八尺。常於午正以望筒指日，令景透筒竅至圭面，以竅心之景指圭面之尺寸爲準。望筒所以上考時刻、五星留逆徐疾、日道昇降、黄道去極遠近，圭面所以下候二十四氣晷景之長短。二法相參，則氣候與上象相合，考正曆數，免有差舛。

渾象天運輪

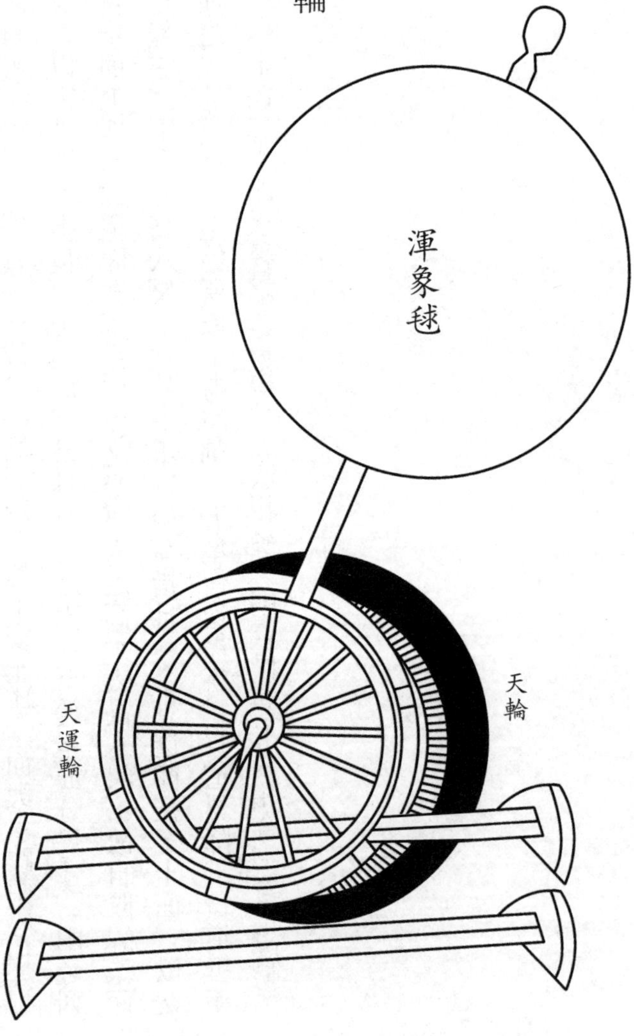

右渾象天運輪一。渾象體正圓如毬，徑四尺五寸六分半。上布周天三百六十五度有畸，中外官星其名二百四十六，其數一千二百八十一。紫微垣在渾象北上規，星其名三十七，其數一百八十三。星數一千四百六十四〔一〕。東西繞以黃赤二道，二十八舍相距於四方，日、月、五星所行。中貫以樞軸，南北置之。軸末貫以天運輪，下與天軸及天轉牙距相銜〔二〕，候天輪動作，則天運輪與渾象俱轉。其天度、星舍等及黃赤道、日月五星所行，周旋渾象，各有名數距度。別本。

校注

〔一〕「渾象赤道牙」節「星數」前有「二項總名二百八十三」九字。

〔二〕「天輪」節：「上銜天軸，所以運天運輪。」「天輪西轉，則天軸東向，及使天運輪與渾象同時西旋。」則本句當作「下與天軸及天輪牙距相銜」。

鐵天軸

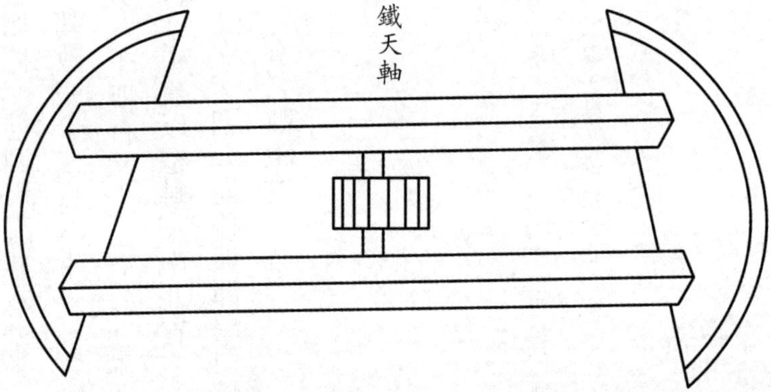

右鐵天軸一。置於渾象木地櫃底，軸兩頭安於臺中隔櫃上東西横桄下。在天輪、天運輪中，與兩輪撥牙相銜。其天輪西向則天軸東旋，天軸東旋則天運輪西旋，天運輪西旋則渾象隨輪而轉，象天西旋。別本。

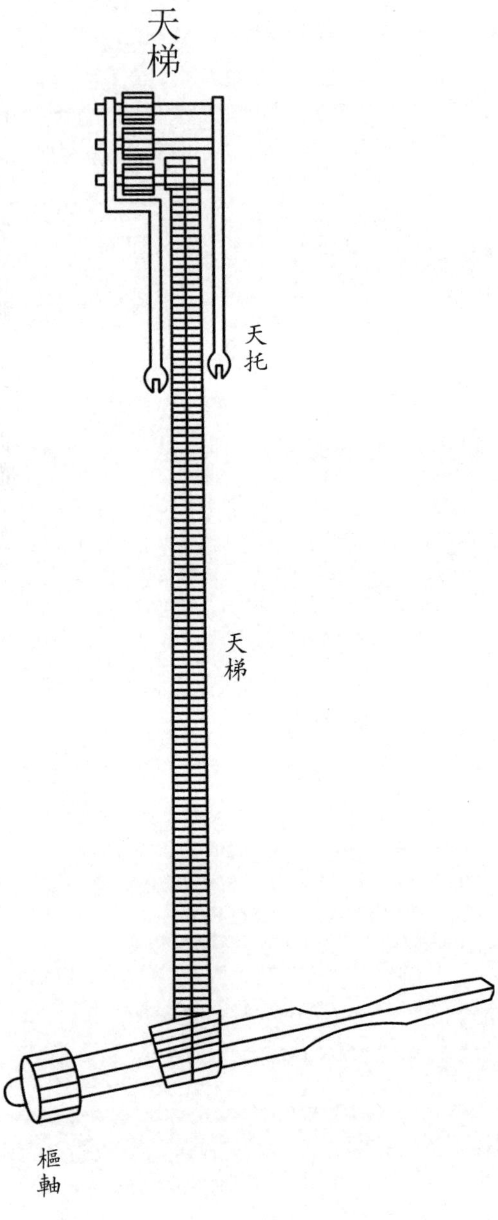
天梯
天托
天梯
樞軸

右天梯。長一丈九尺五寸。其法，以鐵括聯周匝，上以鰲雲中天梯上轂掛之，下貫樞軸中天梯下轂。每運一括，則動天運環一距，以轉三辰儀隨天運動。別本。

天托

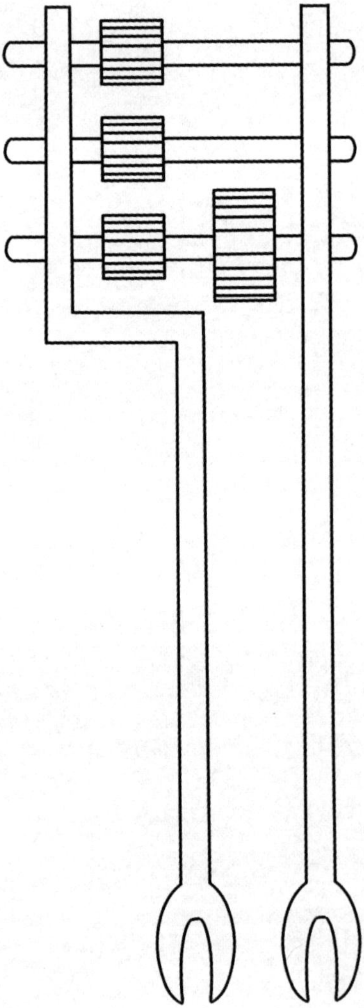

右天托二。□鼇雲内。各高三尺七寸，下爲雙叉，□水趺之心。下間闊三寸一分。南托上四分之一爲曲尺，上間闊四寸五分。爲曲尺故也。雙夾天梯。於曲尺間對開三竅，置三軸以貫四轂。上曰上天轂，上與渾儀天運環相距。次曰中天轂，與上天轂相距。下曰下天轂，與中天轂相距。下之次曰天梯上轂，在下天轂之北，共貫一軸，以掛天梯。别本。

圖書在版編目（CIP）數據

洗冤集録 /（宋）宋慈撰；陳玉鵬等點校．新儀象法要 /（宋）蘇頌撰；陳殿點校．— 福州：福建科學技術出版社，2024.6

（八閩文庫．要籍選刊）

ISBN 978-7-5335-7068-2

Ⅰ．①洗…　②新…　Ⅱ．①宋…　②蘇…　③陳…　④陳…　Ⅲ．①法醫學鑒定－中國－南宋　②水運渾象－研究－中國－北宋　Ⅳ．① D919.4　② P111.1

中國國家版本館 CIP 數據核字（2023）第 124925 號

洗冤集録
新儀象法要

作　　者：［宋］宋慈　撰　陳玉鵬　傅建忠　張梅凌　陳馨月　點校
　　　　　［宋］蘇頌　撰　陳殿　點校
責任編輯：張華金　曾子鳴
裝幀設計：張志偉
美術編輯：吴　可
出版發行：福建科學技術出版社
電　　話：0591-87602964（發行部）
網　　址：www.fjstp.com
地　　址：福建省福州市東水路 76 號
郵政編碼：350001
經　　銷：福建新華發行（集團）有限責任公司
印刷裝訂：雅昌文化（集團）有限公司
地　　址：深圳市南山區深雲路 19 號
開　　本：890 毫米 ×1240 毫米　1/32
印　　張：9.5
字　　數：235 千字
插　　頁：7
版　　次：2024 年 6 月第 1 版第 1 次印刷
書　　號：ISBN 978-7-5335-7068-2
定　　價：45.00 元